담정 김려가 시로 그린
양반고을 풍정

이동재 李東宰, Lee Dong Jae

공주사대 한문교육과를 졸업하고, 동국대학교에서 석사학위, 성신여대 대학원에서 문학박사 학위를 받았다. 현재 국립공주대학교 사범대학 한문교육과에서 교수로 재직하며, 한시와 교과교육론을 강의하고 있다.

지은 책으로 『매계 조위의 삶과 문학』(2004, 보고사), 공저로 『한자 어휘교육론』(2010, 보고사), 『지리산과 한국문학』(2013, 경상대학교 경남문화연구원), 『대학생활과 한자』(2017, 보고사), 『서천지역 한문학 전통』(2018, 문진), 『부여·홍성 한문학 전통』(2019, 문진), 『논산지역 한문학 전통』(2020, 문진) 등이 있다. 편역서로 『조선의 젊은 선비 개성을 가다』(2008, 보고사), 『매계집』(2009, 평사리), 『공산성의 옛 시문』(2020, 공주학연구원), 『돌에 새긴 기억의 역사전』(2022, 공주대박물관) 등이 있다. 교과서는 『중학교 한문 1』(2010, 비유와 상징), 『중학교 한문 2』(2011, 비유와 상징), 『중학교 한문 3』(2012, 비유와 상징), 2007 개정 교육과정의 『중학교 한문』(2009, 비상), 2015 개정 교육과정의 『중학교 한문』(2018, 비상), 『고등학교 한문』(2018, 비상), 2022 개정 교육과정의 『중학교 한문』(2025, 비상), 『고등학교 한문』(2025, 비상), 『고등학교 언어생활과 한자』(2025, 비상) 등을 대표 집필하였다.

초판1쇄 발행 2025년 7월 30일

엮어옮긴이 이동재

주간 조승연
편집·디자인 오경희·조정화·오성현·신나래·박선주·정성희
관리 박정대

펴낸이 홍종화
펴낸곳 민속원
창업 홍기원
출판등록 제1990-000045호
주소 서울 마포구 토정로 25길 41(대흥동 337-25)
전화 02) 804-3320, 805-3320, 806-3320(代)
팩스 02) 802-3346
이메일 minsokwon@naver.com
홈페이지 www.minsokwon.com

ISBN 978-89-285-2145-6 93380

ⓒ 이동재, 2025
ⓒ 민속원, 2025, Printed in Seoul, Korea

이 책은 저작권법에 따라 보호를 받는 저작물이므로 무단전재와 복제를 금지하며,
이 책의 전부 또는 일부를 이용하려면 반드시 저작권자와 출판사의 서면동의를 받아야 합니다.

담정 김려가
시로 그린

양반고을 풍정

이동재 엮어옮김

민속원

머리말

이 책은 조선 후기를 대표하는 문인 가운데 한 명인 담정潭庭 김려 金鑢(1766~1822)가 충청도 연산현감으로 부임하여 18개월을 재직하는 동안 지은 시 모음집인 『황성이곡黃城俚曲』을 완역한 책이다.

『황성이곡』은 『사유악부思牖樂府』와 함께 김려의 대표적인 시집으로 그의 문집인 『담정유고潭庭遺藁』의 두 번째 권인 『간성춘예집艮城春囈集』에 「상원리곡上元俚曲」과 같이 실려 있다.

『황성이곡』의 주 무대가 되는 연산連山은 황성黃城, 또는 간성艮城으로도 불리었으며, 지금의 충남 논산시 연산면, 부적면, 벌곡면과 충남 계룡시 일원이었다. 이곳은 김려가 1817년 10월 현감으로 부임하여 1819년 3월 사임할 때까지 18개월 동안 근무한 곳이다. 『황성이곡』은 그가 연산현감으로 재직하면서 보고 듣고 경험한 것들을 7언 절구로 지은 204수의 한시인데, 각각의 시에는 별도의 제목이 없는 연작시이고, 각각의 시에는 이해를 돕기 위해 간략히 부기한 설명이 붙어 있다.

시의 내용은 목민관으로서의 일상생활, 호서지역의 인정세태, 유적지, 공무와 유람을 통해 본 자연 경관 등이다. 특히 흉년에 고통 받는 농민들의 생활 모습을 깊은 애정을 가지고 묘사한 시와 단오 등 명절 때 호서지방의 풍속과 유적, 관아에서 행하는 각종 예식 등을 읊은 시들에는 그의 애민 의식과 우리의 역사와 풍속에 대한 깊은 관심이 드러나 있다.

담정 김려의 시문은 사실성을 중시하기 때문에 문학에 대한 연구는 물론 당대의 풍속이나, 생활사 등의 연구에도 많은 자료적 가치가 높다. 그러나 『황성이곡』에 대한 번역은 1990년 북한의 학자인 오희복이 김려의 시문을 선집選集하여 번역한 『김려 작품집』(북한, 문예출판사)에 일부 시가 번역되었고, 1997년 허경진에 의해 일부 시가 번역되어 평민사에서 『담정 김려시선』이라는 이름으로 간행되었던 것을 2020년 보고사에서 다시 간행하였으나 온전히 전체를 번역한 번역본이 현재까지 없어서 아쉬움이 많았다. 또한 번역자가 호서지역의 지형지물, 지명, 풍속, 산물, 역사 유래 등에 대한 이해가 부족하여 일부 번역의 오류가 있고 세세한 묘사가 부족한 점이 보인다.

번역은 제 2의 창작이라고 한다. 한문 번역은 단순히 한자의 이해만 있으면 가능한 일이 아니다. 한자에 대한 심도 있는 이해는 물론 당대의 역사, 생활사, 지형지물, 산물, 물명 등에 대한 이해가 없으면 단순히 한자풀이에 불과하다고 할 수 있다. 특히 담정 김려의 시문들은 사실을 기록하는 기속성紀俗性이 강하기 때문에 더욱 더 지역의 역사, 생활사, 지형지물, 산물 등에 대한 이해가 필수적이다.

역자는 『황성이곡』의 주 무대인 충청도 논산 출신으로 이곳에서 초, 중, 고, 대학을 다녔고, 이곳에서 교육과 연구를 종사하고 있으므로, 충청도지역에 대한 견문과 이해가 많다고 자부할 수 있다.

이 책은 역자가 『황성이곡』을 연구하면서 읽어 본 기존의 선역選譯된 시가 지역에 대한 이해 부족으로 인한 오류가 있는 것을 발견하고, 이를 정밀하게 완역完譯해 학계에 기여해 보고 싶은 의지의 결과물이다.

이 책은 논산지방의 옛 풍정은 물론 공주, 대전, 충북의 여러 지역의 옛 풍정을 이해하는데 도움이 되도록 지명과 인명 등을 사전에서 수록되지 않은 것을 최대한 찾아서 독자들의 이해는 물론 전문 연구가들의 이해를 돕도록 하였다. 나아가 독자들로 하여금 시의 이해를 돕기 위해 원시에 없는 시의 제목을 달아 놓았다.

역자의 능력과 한계로 인한 번역의 오류가 있을 것이라 짐작된다. 연구자 및 독자들은 이를 감안하여 읽고, 이를 기비基肥를 삼아서 더 좋은 결실을 거두기를 소망해 본다.

이 책이 나오기까지는 여러 사람의 도움이 있었다. 변변치 못한 원고를 읽고 윤문을 해준 이귀영 박사, 이 책이 나오도록 많은 조언을 해준 최석영 박사, 어려운 출판시장에서도 선뜻 출판을 맡아준 민속원 홍종화 대표님과 편집진 여러분께 깊은 감사를 드린다.

2025년 겸회재에서
역자 이동재 쓰다.

차례 ❙ ❙ ❙ ❙

머리말	4
일러두기	14

담정 김려의 『황성이곡』_15

분향진지焚香進止	17
전패殿牌 봉안식	18
해창海倉가는 날 아침	19
논산장 풍정風情	20
굶주린 아낙네	21
연산고을에 부임하며	22
두마장의 불량배	24
창고지기 개	25
신독재愼獨齋 서얼 후손 김만갑	26
강창江倉의 창고지기	27
이목영의 선물	28
땅을 빼앗는 양반	29
혹독한 세금 독촉	30
생선장수	31
나물 캐는 여인	32
공무를 마친 후	34
창고지기 차시손의 선물	36

도회都會 시행의 고통	37
반가운 사람 원건상	38
중악단中嶽壇	39
춘향제春享祭 봉행	40
신원사神源寺	41
문묘文廟 석채일釋菜日 제사	42
오위장五衛將 임진익의 선물	43
제수祭需를 나누며	44
연산고을의 나쁜 양반들	45
군사점검을 하며	46
눈 내린 도솔산	47
이장현이 김포군수가 되었다는 소식을 듣고	48
매제 이헌승이 용담현감이 되었다는 소식을 듣고	49
만나자는 약속을 어기다	51
조유옹을 애도하며	52
환자쌀을 나누어 주며	53
동생 서원의 편지	54
비바람 치는 밤	55
진찰을 받고서	56
용담현감 이봉규와의 만남	57
그리운 아버지	58
호기豪氣가 넘치는 친구 김호	59
세금에 시달리는 백성	60
석왕사의 땡중	61
반가운 편지	62
호색한 이향회	63
단양유람 약속을 하고	64
홍원을 애도하며	65
애처로운 무당	66

병들어 누워있는 내 모습	67
군대사열을 하며	68
군사훈련을 시키며	69
천호산의 봄날	70
간사한 백성의 사주를 처리하며	71
친구 정군박에게	72
진달래 핀 봄날	73
한식날의 풍정	74
가난한 늙은이	75
돈암서원遯巖書院	76
환자還子쌀을 나눠주며	78
노성현감 이종직의 편지를 받고	79
원재명을 애도하며	80
밭둑 쌓는 것을 감독하며	81
신행新行가는 새색시	82
들밥 내가는 소녀	83
봄날 베내마을 풍경	84
조리돌림	85
관찰사를 찾아뵈며	86
할머니의 손자 사랑	87
기다리던 단비	88
부인사夫人祠 신 내림굿	89
새벽 눈	90
연산 장날 아침풍정	91
늦봄에 내린 눈	92
사계천의 버드나무	93
관아의 일상	94
꿈속에서 본 부령	95
살구꽃 핀 앵산공원	96

호색한 공주통판 유인근 ─────────── 97
관찰사를 뵙고 ─────────── 98
공주 연초당 책방 ─────────── 99
공북루拱北樓 술잔치 ─────────── 100
군사조련을 구경하며 ─────────── 101
관찰사 환송식 ─────────── 102
이초려李草廬의 집 ─────────── 103
명학제鳴鶴堤 낚시터 ─────────── 104
불탄 마을을 보고 ─────────── 105
봉림동 유람 약속을 어기고 ─────────── 106
병석에서 주역周易을 읽다 ─────────── 107
춘추春秋를 읽고 느낌을 적다 ─────────── 108
논어論語 읽는 소리를 듣고 느낌을 적다 ─────────── 109
괴정리 필공筆工 최씨 ─────────── 110
성삼문成三問 유허지 ─────────── 111
동생 순정과 헤어지며 ─────────── 112
김상읍의 선물 ─────────── 113
청풍군수의 병문안 ─────────── 114
허풍쟁이 진잠현감 ─────────── 115
상주목사가 파직되었다는 소식을 듣고 ─────────── 116
심심한 단오날 ─────────── 117
무장태수의 선물 ─────────── 118
여동생의 편지를 받고서 ─────────── 119
짜증나는 하루 ─────────── 120
보고 싶은 큰딸 ─────────── 121
닭장을 지으며 ─────────── 122
그리운 육홍진 ─────────── 123
동생의 편지를 기다리며 ─────────── 124
계백장군階伯將軍 ─────────── 125

숙진저수지 설화	126
논산포구의 불량배	127
신도안의 전설	128
신도안 암·수 용추	129
봄날 현청縣廳의 일상	130
도솔산의 전설	131
모내기 독촉	132
고려태조 왕건王建	133
아한정雅閑亭 옛터	134
창천蒼川의 버드나무 숲	136
개태사 무쇠 가마솥	137
기다리던 단비	138
돈암서원을 찾아가다	139
꿩 사냥을 구경하며	140
강호江湖를 꿈꾸다	141
그리운 한양 집	142
월은암을 찾아가다	143
비 내리는 날의 일상	144
친구 정언학을 애도하다	145
나의 소망	146
지겨운 벼슬살이	147
공주 나들이	148
경천의 의원 이의도집을 찾아가다	149
경천역 풍경	150
도배지가 된 병계집	151
공주 대통교의 작은 주막	152
기녀 명옥	153
권상신의 상소문	154
우영장 김이종의 우정	156

보리 환곡還穀을 독촉하며	157
조운선漕運船의 퇴미退米 소식을 듣고	158
현청縣廳의 개구리 울음소리	159
관아의 채소밭	160
차를 마시며	161
매미소리	162
반가운 제비	163
간사한 조운선漕運船 선주船主	164
마구평의 물난리	165
요란한 장맛 비	166
모내기를 독촉하며	167
부엉이 언덕	168
자배기를 인 늙은 할멈	169
황량한 들판	170
닭 구경	171
주막집 울타리의 참새	172
갯마을 젊은 아낙	173
심내늘 불리는 처녀	174
연산고을 주막	175
늙은 올빼미를 잡다	176
공무를 마친 후	177
게를 잡는 아이들	178
단양으로 유람을 떠나며	179
미염재 위에서	180
진잠현의 풍정	181
진잠현감 이목영	182
가수원을 건너며	183
물고기 잡는 사람	184
소제동 풍경	185

오위장 임진익의 약방 ——————————————— 186
회덕현감을 만나다 ——————————————— 187
문의 선강에서 ————————————————— 188
족질族姪인 김석연을 만나다 ————————————— 189
제미재를 지나며 ——————————————— 190
병풍정 주막 ————————————————— 191
문의를 지나며 ———————————————— 192
닭을 사서 메고 가는 여인 ————————————— 193
지경령 주막 ————————————————— 194
살기 좋은 괴산 땅 ——————————————— 195
괴산군수 오정수와 옛일을 회고하다 ————————— 196
소니탄 가는 길 ———————————————— 197
소니탄에서 죽남점으로 가는 길 ——————————— 198
여러 협곡을 지나며 —————————————— 199
두부를 사가는 늙은이 —————————————— 200
차주부車主簿의 집 ——————————————— 201
한수재寒水齋 사당 ——————————————— 202
조상서의 특별 사면 소식을 듣고 ——————————— 203
권의인의 집을 찾아 가다 ————————————— 204
가난한 황강 마을 ——————————————— 205
권의인의 막내아들을 만나다 ———————————— 206
조카 이제은 소식 ——————————————— 207
이복현의 편지를 받고 —————————————— 208
경심령을 넘으며 ——————————————— 209
한수재에서 술을 마시다 ————————————— 210
연산의 조홍시루紅柿 —————————————— 211
한벽루寒壁樓 밤놀이 —————————————— 212
의림지를 찾아가다 —————————————— 213
우산 이제로의 무덤을 찾다 ———————————— 214

제천 평수당의 밤	215
음성현감 신대복	216
충장공 남연년南延年	217
연산현감을 마치며	218
벼슬살이의 후회	219
가보고 싶었던 봉림동	220
연산 걱정	221
풍뢰헌風雷軒 현판	222
그리운 청동리 고사리 맛	223
개태사 감나무	224
다시 보고 싶은 편액扁額과 주련柱聯	225
손수 심은 포도나무	226
연산을 떠나기 전 마지막 밤	227
(발문) 간성춘예집 뒤에 쓰다.	228

| 해제 | 231 |
| 영인본 | 265 |

〈일러두기〉

1. 이 책은 김려가 연산현감으로 부임한 1817년 10월부터 1819년 3월까지 충청도 일대 민중의 풍정을 시로 남긴 『황성이곡』을 완역한 것이다.
2. 저자인 김려의 오해誤解로 생긴 내용 등을 바로 잡고, 시의 이해를 돕기 위해 각주를 활용하여 내용을 보충하였다.
3. 당시의 옛 지명 등은 현재의 지명으로 표기하였고, 각 시의 제목은 독자들의 이해를 위해 역자가 임의로 달았다.
4. 이 책의 체제는 번역본, 해제, 영인본 순으로 편집하였다.

담정 김려의

황성이곡
黃 城 俚 曲

분향진지 焚香進止

붉은 복장을 한 수복[1]이 소리치며 오고
영각[2]엔 진눈깨비 황혼을 재촉하네.
내일 아침이 초하룻날이라고 이르고
분향진지 하시라고 아뢰며 돌아가네.

매월 초하룻날과 보름 날 전에 전복殿僕[3]이 와서 분향할 수 있는지를 요청하는 것을 이름 하여 '분향진지'라고 한다.

紅衣守僕一聲來, 鈴閣黃昏凍雨催.
報道明朝初吉日, 焚香進止稟過回.
每月朔望前 殿僕來請焚香與否 名曰焚香進止.

---

1) 수복(守僕)은 조선시대 때 묘(廟), 릉(陵), 서원(書院) 등의 제사에 관한 일을 맡아보던 구실아치[종]을 말한다.
2) 영각(鈴閣)은 지방의 수령(守令)이 집무하는 곳을 영당(鈴堂), 영재(鈴齋), 영헌(鈴軒)이라고 한다.
3) 전복(殿僕)은 해당 관아에 딸린 노복을 말한다.

전패殿牌 봉안식

전배前陪[1]가 두 개의 벽사롱을 끌고
현청에서 심히 엄숙하게 소리 내어 인사[2]하네.
붉은 비단 끈으로 묶은 유소流蘇[3]를 푸니
금박으로 메운 전패[4]가 반쯤 떨어져 나갔네.

본 고을의 객사를 '겸산[5]지관'이라고 하였다. 정당正堂[6]에 감실을 설치하고 감실에는 전패를 봉안하였다.

前陪雙引碧紗籠, 館宇深嚴唱鞠躬.
擺得流蘇紅錦索, 塡金殿字半空中.

本邑客舍曰兼山之館. 正堂設龕 龕奉殿字牌.

---

1) 전배(前陪)는 벼슬아치들이 나들이할 때 앞서가며 길을 안내하는 심부름꾼을 말한다.
2) 국궁(鞠躬)은 극진히 공경하여 몸을 굽혀 절을 하는 것을 말한다. 조선 시대에는 임금의 행차가 있을 때나 혹은 의례(儀禮)에서 사배례(四拜禮)의 예비 동작으로 반드시 국궁의 절차가 있었다.
3) 유소(流蘇)는 끈목으로 매듭을 맺어 그 끝에 색실로 술을 드리운 것을 말한다.
4) 전패(殿牌)는 지방관이 왕을 직접 뵙고 경의를 나타낼 수 없을 때 멀리서 궁궐을 바라보며 절하는 예식을 행하기 위해 왕과 궁궐의 상징인 전(殿)자를 나무에 새긴 패를 말한다.
5) 겸산(兼山)은 주역 간괘(艮卦) 상사(象辭)에 "산이 중첩한 것이 간(艮)이니, 군자가 그것을 본받아 생각이 자기 지위를 벗어나지 않게 한다(兼山艮 君子以思不出其位)."라고 한데에서 온 말로 '연산(連山)'을 다르게 이른 말이다. 김려는 그가 연산현감으로 재직하며 지은 시문을 『간성춘예집(艮城春囈集)』이라고 명명하였다.
6) 정당(正堂)은 한 구획 내에 지은 여러 채의 집 가운데 가장 주(主)된 집채를 말한다.

해창海倉가는 날 아침

숙직한 행수군관 상청[1]에서 소리치며
군령을 틀림없이 해질녘에 점검하라하네.
지난밤 공문[2] 내려 조세 내라 성화라서
해창[3]에 간다고 관노에게 단단히 이르네.

> 연산고을의 군교로는 행수行首 한 명과 병방兵房 한 명이 있는데, 차례로 돌아가며 숙직을 선다. 이날 논산의 해창에 가서 배에 실어 보낼 조세를 받으려고 하였다.

入番首校上廳呼, 軍令分明點日晡.
甘結前宵催稅穀, 海倉行次飭衙奴.

> 邑校 有行首一員 兵房一員 輪回入直. 是日 將往論山海倉 受漕船稅穀.

---

1) 상청(上廳)은 '윗청'이라고도 하며 윗사람이 있는 곳이나 관청을 말한다.
2) 원문의 감결(甘結)은 조선시대 상급관아에서 하급관아로 보내는 공문의 하나이다.
3) 해창(海倉)은 관곡을 보관하는 바닷가에 있는 창고를 말하며, 연산의 해창은 지금의 충남 논산시 부창동 일원에 있었다.

논산장 풍정風情

생선장사 '청어 사라'고 우레처럼 외치며
비 오듯 땀 흘리며 시장통을 쏘다니네.
동전 팔백 문文에 한 바리씩 팔리니
고깃배들이 갯골에 빼곡히 모여드네.[1]

> 청어는 20마리를 한 두름이고 백 두름이 한 바리이다. 배를 임대하여 바다에 나갔을 때에는 생선 값이 몹시 비쌌으나, 올해는 고깃배들이 몰려들어 값이 매우 싸졌다.

鯖魚過賣吼如雷, 汗雨淋漓亥市迴.
八百銅文當一馱, 漁船蝟集海門隈.

> 鯖魚二十尾一級 百級一馱. 賃船之時 魚極貴 今歲執籌船復出 魚更賤.

---

1) 빼곡히 모여드네 : 원문의 위집(蝟集)은 고슴도치의 털과 같이 많은 것이 한 곳에 모여든다는 뜻으로, 사물이 한꺼번에 많이 모여 드는 것을 비유한 말이다.

굶주린 아낙네

밤이 깊어지자 부엌데기들 몰래 흐느끼며
굶어죽던 을해년의 일 저마다 말을 하네.
밀 싹은 다 말라 죽고 보리 싹마저 얼어 죽었으니
올해[1]도 굶주린 고통을 어이 또 견딜거나

> 갑술년(1814)과 을해년(1815)에 동쪽지방이 흉년이 들었고, 지난해(1817)에는 호서지방에 흉년이 들었다. 또 올겨울에는 4개월이나 가뭄이 들고 추워서 마을의 아낙네들이 서로 근심하고 한탄하였다.

夜久厨人暗噫嘻, 齊言乙亥死亡時.
麥苗焦盡牟苗凍, 叵耐今年又苦飢.
> 甲乙㐫荒 東方卮運 湖西昨年告歉. 冬又四朔旱凍 故閭閻婦女相與憂嘆.

---

1) 올해는 작자인 김려가 현감으로 근무하고 있던 1818년을 말한다.

연산고을에 부임하며

일찍이 부친[1] 따라 이 고을을 지났는데
손가락 한 번 튕기는 순간[2] 세월이 흘러갔네.
남쪽, 북쪽으로 귀양살이 온갖 고생 다 겪고서[3]
고을사또 임명받아 연산 땅에 이르렀네.

 정사년(1797)에 아버지(김재칠金載七)[4]께서 용담고을[5]의 원으로 부임할 때, 나는 아버지를 따라 관자골[6]에 들러 정승을 역임한 근와芹窩 김희金熹[7]를 찾아뵈었는데, 지금은 벌써 22년 전의 일이 되었다.

曾從綵服過玆游, 一彈指頃歲月流.
南竄北圍經萬劫, 自將墨綬到連州.

 丁巳 先大人宰龍潭 余時陪往拜芹窩金相公熹于冠子谷 今已卄二年.

---

1) 채복(綵服)은 물들인 옷을 말한다. 일반적으로 어린아이들이 입는 색동옷을 말하나 원래의 의미는 관원들이 입는 옷이었다. 당(唐)나라 두보(杜甫)의 시 〈和宋大少府 暮春雨後 同諸公及舍弟 宴書齋〉에 "팥배나무 꽃 비갠 뒤라 좋고, 채복은 늦봄에 어울리네.(棣華晴雨好, 綵服暮春宜)"라고 읊었다. 이 시에서의 의미는 관원들이 입는 옷, 즉 작자의 아버지가 입은 옷으로 아버지를 가리키는 말이다.
2) '일탄지(一彈指)'는 『여씨춘추(呂氏春秋)』에 "20번의 눈을 감박이는 것(二十瞬一彈指)"라고 하였듯이 잠깐의 시간, 즉 짧은 시간을 말한다.
3) 작자인 김려는 정사년(1797) 겨울에 함경도 경원으로 귀양갔다가 다시 부령으로 옮겨졌다. 신유년(1801)에 신유사옥에 죄가 추가되어 의금부에 잡혀가서 모진 고문을 당하고 거의 죽게 되어 경상도 김해로 이배되었다가 병인년(1806)에 풀려나 돌아왔다.
4) 김재칠(金載七, 1737~1799)은 조선후기 문신으로 본관이 연안이고 자가 응성(應星)이

연산아문(국가유산포탈)

며, 아버지는 김희(金熹, 1701~1774)이고 어머니는 원주 원씨(元氏) 원홍운(元弘運)의 딸이며, 음직으로 용담현령을 역임했다.
5) 지금의 전라북도 진안군 용담면 일원이다.
6) 지금의 충청남도 논산시 연산면 관동리 일원이다.
7) 김희(金憙, 1729~1800)는 조선후기 문신으로 본관이 광산이고 자는 선지(善之)이며 호는 근와(芹窩)이고 시호는 효간(孝簡)이다. 사계 김장생(金長生)의 후손으로, 아버지는 김상경(金相庚), 어머니는 이광택(李光澤)의 딸이다. 1773년 문과에 급제하여 여러 벼슬을 거쳐 우의정을 역임하였고, 『사계연보(沙溪年譜)』를 편집하였다.

두마장의 불량배

두마장[1] 저자거리 불량배들 소굴이라
골패와 도박으로 젊은이들 버린다네.
우두머리 잡아들여 서른 대 볼기치고
오백 량 속금 물려 양인신분 바꿔줬네.

두마의 각장各場[2]은 이 고을의 도회지로 토호와 불량배들이 밤낮으로 모여든다. 이날 우두머리 대여섯 명을 잡아들여서 엄하게 곤장을 치고 속금贖金[3]을 거두어 들였다.

荳磨場市萃逋淵, 馬吊油牌陷少年.
嚴棍另加三十度, 更良收贖半千錢.

荳磨面各場爲一邑之都會 豪强惡少 日夜屯聚. 是日 捉其魁五六人 嚴棍收贖.

---

1) 두마장은 지금의 충남 계룡시 두마면 두계리 일원에 있는 오일장을 말한다.
2) 각장(各場)은 5일마다 서는 오일장을 말한다.
3) 속금(贖金)은 죄를 면하기 위하여 관청에 바치는 돈으로 오늘날 벌금과 같다.

창고지기 개

주인집 여러 개들, 맹견보다 크고
누렇고 희고 검고 푸르러 털도 각양각색
매일 새벽이 밝도록 인적이 이르면
천둥치듯 울타리를 맴돌며 울부짖네.

내가 북쪽 변방에서 귀양살이할 때, 주인집에서 기르는 사냥개가 수십 마리였는데, 각기 이름이 있었다. 지금 강창[1]의 창고지기 집의 여러 마리 개들이 그 시절의 개와 흡사하다.

主家羣狗大於獒, 黃白黔蒼各兼毛.
每趁五更人跡到, 震天價響繞籬號.

余謫北塞時 主人家養獵狗數十 各有名字. 今見江倉庫子家羣狗 恰似其時.

---

1) 강창(江倉)은 강이나 하천 연변에 설치한 조창을 말하는데, 연산현의 강창은 당시의 이웃 고을인 은진현 논산(지금의 충남 논산시 부창동 일원)에 있었다.

신독재愼獨齋 서얼 후손 김만갑

순라꾼 검은 도포엔 눈 조각 흩날리고[1]
유향별감 날인은 서캐보다 작네.
웅천의 도적 소식 밤새 급히 오니
순상이 친히 보라는 기밀문서라네.

> 웅천[2]은 마을 이름이다. 순상巡相[3]의 비밀문서[4]에 웅천에서 두 놈의 도적 우두머리를 잡았다고 하는데, 이들은 신독재[5] 서얼 후손인 김만갑이었다.

邏將黑袍雪片飛, 留鄕押字細如蟣.
熊川賊報宵來急, 巡相親關秘密機.

> 熊川村名 巡相秘關 捕二大賊於熊川 聞是愼齋庶裔名萬甲.

---

1) 순라꾼 … 흩날리고 : 치안을 담당하는 순라꾼들이 비상근무를 서느라 머리를 감지 않고 옷도 빨아 입지 않아서 비듬이 검은 제복에 하얗게 내려앉은 것을 말한다.
2) 웅천(熊川)은 지금의 충남 보령시 웅천면 일원을 말한다.
3) 순상(巡相)은 순찰사(巡察使)의 준말로, 조선시대 병란(兵亂)이 있을 때 왕명으로 지방의 군무(軍務)를 순찰하던 임시 벼슬, 혹은 조선시대 도(道) 안의 군무를 순찰하는 일을 맡아보던 벼슬로 각 도의 관찰사가 겸임하였다. 본고에서는 관찰사를 말한다.
4) 비관(秘關)은 비밀 공문을 말하며, 당사자 이외에는 비밀로 할 필요가 있을 때 보낸다.
5) 신독재는 사계 김장생의 2째 아들인 김집(金集)의 호이다. 김집(1574~1656)은 조선후기 문신으로 본관이 광산이고 자는 사강(士剛)이며 호는 신독재(愼獨齋)이고 시호는 문경(文敬)이다. 저서로는 『신독재문집(愼獨齋文集)』이 있고, 편저로는 『의례문해속(疑禮問解續)』이 있다.

강창江倉의 창고지기

소낙비에 된바람 불어 더욱 스산한데
강창의 창고지기 두 눈이 빤짝빤짝
여윈 소, 파리한 말, 짝을 지어 이르면
서로들 좋아라하며 기쁜 소식 전하네.

  세금을 바치는 날이면 창고지기들은 나머지 쌀을 얻어서 살아간다.
  해가 저물어도 오지 않으면 온 집안이 실망을 한다.

驟雨飄風苦颯然, 江倉庫子眼珠穿.
癯牛疲馬雙雙到, 忽漫相驚喜事傳.
  捧稅之日 倉奴輩得其贏餘 以爲過活. 日晚不至 則渾家失望.

이목영의 선물

관북 땅 값진 물건 상자에 가득하게
진잠의 고을원이 맛보라 보내왔네.
스무 개 언 누런 배는 보기에도 먹음직하고
백 묶음 다시마는 한 길 넘게 크고 실하네.

    진잠[1] 현감 이목영[2]은 함흥사람인데, 나와 매우 친하다. 어제 북관의 이름난 물건인 노란 배와 다시마를 보내왔다. 그의 우정을 짐작할 만하다.

關北奇珍滿筴筐, 鎭岑監務送來嘗.
凍棃廿个宜漫喫, 甘布百條訏許丈.
    鎭岑倅李侯牧榮咸興人, 與余甚善. 昨日送北關所産黃梨昆布. 情味可掬.

---

1) 진잠은 지금의 대전광역시 대덕구 진잠동 일원을 말한다.
2) 이목영(李牧榮, 1766~?)은 조선후기 문신으로 본관이 전주이고 자가 양지(養之)이며, 1807년(순조 7) 생원시에 합격하여 음직으로 현감을 역임했다.

땅을 빼앗는 양반

정승이 청렴하단 말 더욱 의심스러워
주인 없는 공산空山을 제 것으로 만들었네.[1]
거듭 당부하노니, 그대 최계백이여
억울한 백성 만드는 짓, 정말 부당하다오.

　최승헌은 자가 계백으로 간재 최규서[2]의 고손자인데 그는 그의 5대 조인 최규서가 만든 관청의 문서를 가지고 진잠의 백성들과 토지 소유권 다툼을 하였다. 내가 편지를 써서 그것을 막았다.

相公廉白更堪疑, 無主空山立案時.
寄語丁寧崔繼伯, 窮人濫計儘非宜.
　崔承憲繼伯 艮齋奎瑞玄孫 以相公時立案文書 與鎭岑民訟田. 余貽書止之.

---

1) 원문의 입안(立案)은 과거에 어떤 사실을 증명하기 위해 관청에서 발급한 문서를 말한다. 조선시대 관부에서 개인의 청원에 따라 발급하는 문서. 개인의 청원에 따라 매매, 양도 등의 사실을 관에서 확인하고, 이를 인증해 주기 위해 발급하는 문서이다.
2) 최규서(崔奎瑞, 1650~1735)는 조선 후기 문신으로 본관이 해주이고 자가 문숙(文叔)이며 호는 간재(艮齋)·소릉(少陵)·파릉(巴陵)이며 시호는 충정(忠貞)이다. 최경창(崔慶昌)의 현손이고 아버지는 현감 최석영(崔碩英)이다. 1680년 별시문과에 급제하여 여러 벼슬을 거쳐 1721년 소론이 득세하자 소론의 영수로 우의정이 되었고, 1723년에는 영의정에 올랐으며, 시문집으로 『간재집』이 있다.

혹독한 세금 독촉

가난한 집에 세금이란 심장을 도려내는 것
마을 처녀들 붉은빛 사아[1]를 바쁘게 돌려대네.
겨우 반 필밖엔 안 되는 무명을 끊어내어
날도 밝기 전에 일제히 논산장으로 내달리네.

  논산은 지명이고 강창江倉의 소재지이다. 해마다 목화가 흉년이 들어 동전 백문百文에 겨우 아주 고운 무명 여섯 자를 바꾼다.

貧家王稅劚心腸, 村女紅梭到處忙.
斷出木綿纔半疋, 未明齊趁論山場.
  論山地名 江倉所在. 連歲棉凶 銅錢一百文 白木極麗者纔六尺.

---

1) 사아(梭兒)는 베틀에서 실꾸리를 넣고 날실 사이로 오가면서 씨실을 넣어 베가 짜여 지도록 하는 배 모양의 통을 말한다.

생선장수

온종일 바람일고 해무마저 뒤덮이니
생선장수 꼬락서니 참으로 괴롭구나.
나루엔 소금 사려 개미떼처럼 모인 사람들
이들은 모두 호서지방 등짐장사꾼들

> 요즈음 여러 날 해무가 끼어 고깃배들이 들어오지 못하자 생선 장사들은 모두 소금을 사서 돌아갔다. 방언에 행상들 가운데 쪽지게[1]를 진 사람들을 '연로패'라고 한다.

鎭日獰風覆土霾, 漁商行李苦難諧.
津頭蟻聚沽塩者, 摠是湖西軟路牌.
> 近者累日霧霾 漁船不至 魚商輩皆沽塩而歸. 方言行商中擔板脚夫 曰軟路牌.

---

1) 쪽지게는 젓갈 장수나 등짐장수가 쓰는 작은 지게를 말한다.

나물 캐는 여인

푸른 무명치마에 짧은 잠방이 입고
지밭¹⁾의 각시 남몰래 눈물 삼키네.
아침마다 친구들과 광주리 들고 나가
밭두둑 여기저기에서 거여목 뿌리를 캐네.

지난해(1817)의 장마 피해는 을해년(1815) 보다 더 심했다. 음력 2월이 와서 얼어붙은 땅이 녹자 마을의 아낙네들은 늙은이나 젊은이를 막론하고 모두 들에 나와 밭두렁을 따라 가며 풀뿌리를 캐었다. 제전[지밭]은 지명이다.

靑木棉裙短布褌, 癸田²⁾閣氏淚潛吞
朝朝約伴携筐去, 採得畦頭苜蓿根

  昨年水災 甚於乙亥. 仲春解凍 間閻婦女 無論老少 遍野緣畝 采食菜根. 癸田³⁾地名.

1) '지밭'은 현재의 충청남도 논산시 부적면 부인 2리로, 태조 왕건의 꿈을 풀이하여 얻은 '제밭(祭田)'에서 유래한 지명이다. 충청도 사투리는 '제사'를 '지사'라고 하듯이, '제전'을 '지밭'이라고 한다. 고려 태조 왕건이 후백제군과 연산의 황산벌에서 대치하고 있을 때, 서까래 세 개를 짊어지고 솥을 쓰고 물속으로 들어가는 꿈을 꾸었다. 왕건은 친히 이곳에 사는 조영이라는 무당에게 해몽을 들으니 서까래 세 개를 짊어진 것은 '임금 王자요, 솥을 쓴 것은 면류관을 쓴 것이요, 물속으로 들어간 것은 용궁으로 들어간 것'으로 길몽(吉夢)이라고 해몽해 주었다. 그 후 왕건은 후삼국을 통일하고 해몽해준 무당에게 '부인'이라는 칭호를 주고, 상으로 준 것이 왕전리(지금의 논산시 광석면 왕전리) 왕밭이며, 조영부인이 죽은 후에 제물로 사용하도록 밭을 주었는데, 그 밭을 지밭[제전(祭田)]이라고 하였다.
2) '癸(계)'자는 '祭(제)'자의 오기(誤記)이거나 오식(誤植)이다. 『黃城俚曲』에는 '癸田'이라는 지명이 세 번 나오는데 모두 오기이거나 오식으로 보여 진다. 『여지도서(輿地圖書)』와 『호서읍지(湖西邑誌)』, 『논산의 지명유래』를 통해 보면, 삼베를 짧는 여인을 읊은 시와 부인사에서 신 내림하는 장면을 쓴 시에서 나오는 '癸田(계전)'은 '祭田(제전)'의 오기이고, 성삼문의 유허지를 읊은 시에 나오는 '癸田(계전)'은 실재 존재하지 않고 '漢陽村(한양촌, 한양말)'을 잘못 인식한 것이다.
3) 주 2) 참조.

공무를 마친 후

뜰 안은 아전이 퇴근하자 새소리도 드물고
영각(鈴閣)[1]은 적막하기가 절간 같구나.
한가롭게 벼루에 진짜 해묵[2]을 갈아
사람 시켜 윤옹의 편지[3]를 옮겨 적네.

　지인[4] 박인범은 자못 글자를 이해하고 있어서 백지에 줄을 그은 책을 만들어 한가한 날에 『윤인관척독』[5]을 베끼게 하였다.

公庭吏退鳥聲踈, 鈴閣蕭然似佛廬.
烏石閒磨眞海墨, 倩人移寫閨翁書.
　知印朴寅範 頗解得幾字 以淨紙搨出烏絲爛札本 使於暇日謄出 閨人觀尺牘.

---

1) 영각(鈴閣)은 지방의 수령(守令)이 집무하는 곳으로 영당(鈴堂), 영재(鈴齋), 영헌(鈴軒)이라고 한다.
2) 해묵(海墨)은 황해도(黃海道) 해주(海州)에서 나는 먹을 말한다.
3) 윤옹의 편지는 조선후기 문신인 김조순이 보내온 편지를 말한다. 김려의 『담정총서』에 "나는 평소에 풍옹의 서독(書牘, 편지)을 몹시 좋아하였는데, 단지 문자가 귀중해서만이 아니라 필획이 매우 씩씩하고 묘해서 참으로 절세 보배였다. 이런 까닭에 상자 속에

윤인관척독

간직한 것이 매우 많았는데, 신유년(1801)의 재앙에 전부 흩어졌다. 북쪽에서 돌아온 뒤 또 수습하여 간직하기를 더하여 그 수가 적지 않았지만 고향 집에 두었다가 자식들이 잘 간수하지 못하여 거의 대부분을 잃어버렸다. 내가 연산 관아에 있을 때 병이 극심하여 하루아침에 죽어버린다면 평소에 부지런히 모은 것도 함께 사라져버릴까 걱정스러워 이에 한가한 날에 통인 박인범에게 명하여 잘 베껴 쓰게 하여 한권을 만들었다. (金鑢, 『藫庭遺藁』권10, 「題閔人觀尺牘卷後」, "余平生最愛楓翁書牘, 非但文字可貴, 筆畫亦甚遒妙, 眞絶世之寶也, 故莊之中衍者甚多. 辛酉之禍, 沒數散逸, 及北遷之後, 又加收蓄, 其數不少, 置之鄕廬, 豚犬輩又不善典守, 闊失殆盡. 余在黃衙病劇, 恐一朝溘然, 則其平日勤工者, 並歸烏有, 玆於暇日, 命知印朴仁範敽寫爲一.")

4) 지인(知印)은 관인(官印)을 맡아서 관리함. 또는 그 사람을 말한다.
5) 『윤인관척독』은 작자인 김려가 삼청동으로 옮겨온 1811년부터 의금부 말단직, 정릉 참봉 등을 지낸 시기부터 1817년 연산현감으로 부임 초기인 12월에 걸친 시기에 김조순과 주고 받은 89편의 편지이다. 내용은 일상의 안부를 묻고 집안일을 전하는 내용이 중심이다.

창고지기 차시손의 선물

한 자 가웃 금빛 잉어 살지고도 싱싱하여
금빛 비늘, 붉은 아가미 아침햇살 보다 붉구나.
시든 갈대숲에서 어깨가 보이는데
선창에서 돌아오는 창고지기가 분명하구나.

> 내가 강창江倉[1]에 머물고 있을 때, 위장병이 심해졌다. 창고지기 차시손이 강경장에 가서 잉어를 사왔는데, 그 크기가 한 자가 넘는 것이 두 마리이고, 한 자 가웃이 되는 것이 한 마리였다.

金鯉鮮鮮尺半肥, 錦鱗紅鬣鬪朝暉.
㶁蘆葉裏雙肩聳, 料得廠奴海口歸.
　余住江倉 病劇胃敗　庫子車時孫出江景市上 買鯉魚盈尺者二 尺半者一也.

---

1) 강창(江倉)은 고려와 조선시대, 서울의 경창으로 보낼 각 지방의 세곡을 모아 보관하는 창고를 이르던 말로, 연산현의 강창은 오늘날의 충청남도 논산시 부창동에 있었던 해창을 이른다.

도회都會 시행의 고통

예조[1]의 공문서가 날듯이 전해오고
관상감 관원들은 시험의 길일을 잡았네.
중춘에 도회[2]가 있다고 통지[3]하니
청안[4]같은 피폐한 고을[5]이 불쌍하구나.

과거 시험이 있는 해 도회都會[6]를 고을에서 감시監試와 함께 시행하는데, 충청의 좌도(지금의 충청북도 일원)에선 청안, 우도(지금의 충청남도 일원)에서는 서산에서 실시하고, 동당시는 좌도에선 제천, 우도에선 결성[7]에서 시행하였다.

春曹公事也飛傳, 觀象監員試吉涓.
知委仲春都會所, 淸安殘邑最可憐.

式年都會 試邑監試 左道淸安 右道瑞山 東堂左道堤川 右道結城.

---

1) 원문의 춘조(春曹)는 예조(禮曹)를 달리 이르는 말이다.
2) 도회(都會)는 계회(契會), 종회(宗會) 및 유림(儒林)의 모임 등의 총회를 말하며, 고려 때부터 매년 여름에 시(詩)와 부(賦)로 지방의 인재를 뽑는 모임을 말한다.
3) 원문의 지위(知委)는 통지나 고시 등의 형식으로 명령을 내려 알려주는 것을 말한다.
4) 청안(淸安)은 지금의 충청북도 괴산군 청안면(淸安面) 지역을 말한다.
5) 원문의 잔읍(殘邑)은 피폐하고 가난한 작은 고을을 말한다.
6) 도회(都會)는 공도회(公都會)의 다른 이름으로 각 도의 관찰사가 도내의 유생들을 선발하여 매달 한 번씩 일정한 장소에서 보이던 시험으로, 입격자에게는 곧바로 진사시나 생원시의 복시(覆試)에 응시할 자격이 주어졌다.
7) 지금의 충청남도 홍성군 결성면 일원이다.

반가운 사람 원건상

창천교[1]에 한낮 바람 차가운데
원건상 오는 것을 말 멈추고 바라보네.
수백 번 꿰맨 낡은 견양포를 입었지만
사람의 심계를 고초에도 너그럽게 하였네.

 창천은 연산 고을의 지명이다. 원건상元建常은 자가 사행士行인데 나
 와 성이 다른 일가 가운데 아저씨뻘 되는 사람으로 일찍이 내가 위
 급하고 곤란할 때 도와준 은혜가 있었다.

蒼川橋上午風寒, 元士行來駐馬看.
百結蒙戎鶉樣布, 敎人心界苦難寬.
 蒼川邑內川名. 元建常士行 於余爲戚叔 曾有急難之恩.

---

1) 창천교는 지금의 충남 논산시 가야곡면 종연리와 부적면 신풍리 일원에 있는 논산천의 다리였으나 1944년 탑정저수지를 만들면서 수몰지역이 되었다.

중악단 中嶽壇

계룡산 신묘는 무성한 풀섶에 묻혀있고
들 가의 기와지붕이 기운 절은 텅 비었네.
새벽에 영우靈雨[1]가 보슬보슬 내리고
푸른 기와 공작 날개 지붕에 숙연한 바람 이네.

 계룡산은 호서湖西의 진산이고, 신묘[2]는 노성의 현청 남쪽[3] 20리 신원사의 동쪽 수십 미터쯤에 있다.

鷄龍神廟亂蕪中, 瓦屋斜連野寺空.
五更冥濛靈雨下, 翠旃孔盖肅然風.

 鷄龍湖西之山鎭 神廟在魯城縣治之南二十里神源寺之東數十武許.

---

1) 영우(靈雨)는 때를 맞추어 내려 주어 식물들이 자라는데 도움이 되는 단비를 뜻한다.
2) 신묘는 계룡산 중악단을 말한다. 계룡산 중악단은 충청남도 공주시 계룡면 양화리 신원사(新元寺)에 있는 조선시대의 신앙 유적으로 보물 제1293호이다. 1651년(효종 2)에는 이 단이 폐지되었다가 1879년(고종 16) 명성황후의 명으로 재건하고 중악단이라고 이름을 고쳤다.
3) 실제는 노성현의 동북쪽으로 작자인 김려의 오해이다.

춘향제春享祭 봉행

수궁[1]의 경쇠소리 댕강댕강 울리고
고기, 과일, 술 제물에 음악을 더하네.[2]
한 자락 창을 마치자 일제히 자리에 나서고
자시[3]가 되자마자 꿇어 앉아 분향을 하네.

 2월 갑술일에 춘향제를 봉행했다. 헌관은 임천군수 수찬 이광정[4]이
 맡았고, 나는 대축[5]으로 제사 지내는 일을 맡아서 했다.

壽宮璆佩響琳琅, 牲幣籩䇲介樂康.
唱罷一聲齊就位, 子初初刻跪焚香.

 仲春甲戌 行春享祭. 獻官林川郡守李修撰光正 余以大祝將事.

---

1) 수궁(壽宮)은 신에게 제사를 받드는 사당을 달리 이르는 말이다. 『초사구가(楚辭九歌)』 「운중군(雲中君)」의 "蹇將憺兮壽宮, 與日月兮齊光"에 대한 왕일주(王逸注)에 "수궁은 신에게 제사지내는 곳이다. 제사는 모두 장수하려고 한 것이다. 그러므로 이름을 수궁이라고 하였다. (壽宮 供神之處也. 祠祀皆欲得壽 故名為壽宮也.)"라고 하였다.
2) 고기 … 더하네 : 생폐(牲幣)는 제사 때 올리는 희생(犧牲)과 공물(供物)이고, 변준(籩䇲)은 과일, 건어물 등을 담는 데 쓰는 제기와 술두루미이다. 즉 제사를 지낼 때 제상에 올리는 제물을 말한다.
3) 자시(子時)는 오후 11시부터 새벽 1시로 일반적으로 이 시각에 제사를 지낸다.
4) 이광정(李光正, 1780~1850)은 이름을 이휘정(李輝正)으로 개명한 조선후기 문신으로 본관은 우봉(牛峰)이고 자는 경복(景服)이며 호는 방야(方野)이고 시호는 문정(文貞)이다. 아버지는 이채(李采)이며, 어머니는 최항진(崔恒鎭)의 딸이다. 1813년 증광별시문과에 급제하여 벼슬이 이조판서에 이르렀고, 문집으로 『방야만록(方野漫錄)』이 전한다.
5) 대축은 제사 때에 축문을 읽는 사람을 말한다.

신원사神源寺

부처님 궁전도 쉽게 먼지로 변해가고
부끄럽도다. 석가는 집착[1]을 하지 않았다는데.
도리어 서너 줄 '만수태평'이란 문자로
대천세계에 인연 있는 사람들을 모으네.

> 신원사[2]는 언제 창건이 된지 모르나 전각과 승방이 모두 기울어져 가고 있었다. 스님들이 불자[3]들에게 모금하여 중수할 계획을 세웠다.

梵王宮殿亦埃塵, 慙愧牟尼不壞身.
却把數行平等字, 大川世界募緣人.

> 神源寺 不知刱在何時 殿宇房寮 盡爲頹歪. 諸僧方募檀越 爲重修計.

---

1) 괴신(壞身)은 괴신견(壞身見)의 준말로 달리 유신견(有身見)이라고 하며 집착하는 것을 의미한다. 유신견(有身見, 산스크리트어: satkāya-drsti, 팔리어: sakkāya-ditth)은 소의신(所依身), 즉 5온(五蘊)의 화합체를 실유(實有)라고 집착하는 견해이다. 즉, 5온의 화합체를 실재하는 나[我] 또는 나의 것[我所]이라고 집착하는 견해이다. 줄여서 신견(身見)이라고도 하고, 원어인 산스크리트어를 음역하여 살가야견(薩迦耶見), 삽가야견(颯迦耶見) 또는 삽가사견(薩迦邪見)이라고도 한다. 의역하여 허위신견(虛僞身見), 또는 이전신견(移轉身見)이라고도 한다.
2) 신원사는 충청남도 공주시에 있는 마곡사의 말사로 공주시 계룡면 계룡산 남쪽에 있는 사찰이다.
3) 원문의 단월(檀越)은 사찰이나 승려에게 물건을 베푸는 불교신자를 말한다.

문묘文廟 석채일釋菜日 제사

공자님 사당에 상정제[1]를 올리려고
몇 명 유생들이 청신할 것을 서약하네.[2]
일주향을 손수 봉하고 친히 수결하니[3]
예방[4]아전이 공문서를 올리네.

 2월 9일 정축일은 문묘의 석채[5]일이다. 나는 병으로 참례할 수 없어서 친히 제물만 봉납했다.

文宣王廟享初丁, 多少靑衿誓戒淸.
香瓣手封親署押, 禮房色吏進前呈.

 二月初九日丁丑 文廟釋菜日也. 余以病不得參 親封祭物.

---

1) 상정제(上丁祭)는 석전제(釋奠祭)를 말하며 공자를 모신 문묘에서 매년 음력 2월과 8월 상정일(上丁日)에 제사를 지낸다.
2) 몇 명의 … 서약하네 : 석전제를 지내기 위해 이를 주관하는 유생들이 제사의 여러 금지사항을 경계할 것을 서약하는 것을 말한다. 청금(靑衿)은 『시경(詩經)』의 '청청자금(靑靑子衿)'에서 온 말로 유생(儒生)을 달리 이르는 말이고, 서계(誓戒)는 나라의 큰 제사를 7일 앞두고 제관이 될 관원들이 의정부에 모여서, 가무(歌舞), 조상(弔喪), 문병(問病) 등 금지된 사항을 경계(警戒) 받고 이를 어기지 않을 것을 서약하던 일을 말한다.
3) 일주향을 … 하니 : 원문의 향판(香瓣)은 일판향(一瓣香)으로, 일주향(一炷香)이라고도 한다. 서압(署押)은 관직에 있는 사람이나 양반들이 사용하는 자신만의 표기 · 기호를 말하며, 흔히 수결(手決)이라고 하며 주로 일심(一心)을 변형하여 만든 것이 많아서 일심결(一心決)이라고도 하였다.
4) 예방(禮房)은 조선 시대 승정원(承政院)의 육방(六房) 중의 하나로, 예(禮)에 관한 것을 관장하거나 지방 수령 휘하에서 실무를 담당하였던 6방(房) 중의 하나를 말하며, 색리(色吏)는 감영(監營) 또는 군아(郡衙) 등의 아전을 말한다.
5) 석채(釋菜)는 선사(先師)인 공자께 제사지내는 것을 말한다.

오위장五衛將 임진익의 선물

곤륜노자[1]가 회천[2]에서 찾아와서
오위장 임진익의 편지를 전하네.
네 통의 연차[3]는 진미가 뛰어났고
약봉지엔 묘한 향이 나는 천 알 소합환이 들었네.

회덕사람 임진익[4]은 치료를 잘한다는 명성이 있었다. 일찍이 오위장을 역임하였고, 남령차 4통과 소합원[5] 천 알을 보내왔는데, 모두 진품이었다.

崑崙奴子自懷川, 任衛將家尺素傳.
四盒烟茶珍味峻, 千丸藥裹妙香圓.

懷德人任鎭翼 以善醫名. 曾經五衛將 送南靈茶四盒・蘇合元千丸 幷珍品.

---

1) 곤륜노자(崑崙奴子)는 하인, 종을 말한다. 곤륜국(崑崙國) 사람은 피부가 옻같이 검었으므로 곤륜노라고 하였다. 당(唐)・송(宋) 때에 인도차이나 지역인 남방 사람을 종으로 삼았는데 이를 곤륜노라고 한다.
2) 회천은 공주목 산하의 고을인 회덕현을 달리 부르는 말이다. 지금의 대전광역시 동구 회덕동 일원이다.
3) 연차(煙茶)는 남령차라고도 하며 담배를 말한다.
4) 임진익에 대한 자세한 기록은 알 수 없으나, 『순조실록』〈순조 26년 병술(1826) 7월 9일(기축)〉조에 황해도수양 별장(首陽別將)을 역임한 것으로 나온다.
5) 소합원(蘇合元)은 토사곽란에 처방하는 약이다.

제수祭需를 나누며

숙직 사령 허리에 맨 분홍 띠 헐렁한데
전복[1]이 이른 새벽 문안 인사 올리네.
소 육포 한 줄에 돼지머리 하나
동재東齋 장의가 제수를 보내왔네.

> 파향일 재임[2]이 제사 고기 물품과 복주 한 복자[3], 정포[4] 한 줄, 돼지머리 한 개를 보내왔다.

粉紅直領束腰寬, 殿僕淸晨敬問安.
牛脯一條猪首一, 東齋掌議送膰單.

> 罷享日 齋任送致膰單子 福酒一鐥 正脯一條 猪頭一顆.

---

1) 전복(殿僕)은 성균관이나 향교에 딸린 하인을 말한다.
2) 재임(齋任)은 사학(四學), 성균관(成均館), 향교(鄕校) 같은 데에서 숙식하며 거기 일을 맡아보던 유생(儒生)을 말한다.
3) 복자는 기름을 되는 데 쓰는 그릇으로 모양이 접시와 비슷하고 한쪽에 귀때가 붙어 있다.
4) 정포(正脯)는 정편육포로 종이 장처럼 얇게 만든 육포를 말한다.

연산고을의 나쁜 양반들

진영의 포교 놈들 날마다 바삐 싸다니며
모두들 연산 땅에 도적기운 많다고 하네.
벼슬자리 승냥이 떼들 그대로 두고
광릉 태수[1]여, 그대 생각 어떠하오.

  민간의 동요에 이르기를 '연산고을 좀도둑 세 마리, 한 마리 잡혀 오니 작은 악행도 사라졌네.'하였다. 윤언진,[2] 김기열, 김재연을 이르는데, 모두 양반들이다.

鎭營邏校日奔波, 摠說荒城賊氣多.
當路豺狼渾不問, 廣陵太守意如何.
  民間童謠云 連山境內三顆賊 一駄駄來無少忒. 謂尹彦鎭・金箕烈・金在淵 皆班族.

---

1) 광릉태수는 후한말기 인물인 진등(陳登)을 말한다. 진등(陳登)은 중국 후한말 패국의 재상인 진규(陳珪)의 아들로 자가 원룡(元龍)이다. 동성태수로 전임되어 광릉을 떠난 이후 광릉은 오나라 손권의 지배권에 넘어가고 조조는 진등의 부재로 오나라로 넘어간 것을 안타까워했다고 한다.
2) 윤언진(尹彦鎭, 1772~?)는 자가 미중(美仲)이고, 1805년 생원시 합격한 인물이나 자세한 이력은 알 수 없다.

군사점검을 하며

천아성[1] 울리더니 북소리 둥둥둥
한낮이 다되도록 관문에 모여 점검하네.
속오군 아병牙兵들 서른 명이나 되건만
하나 같이 검푸른 쾌자[2]차림 복장이네.

> 본 현의 각종 병정들 가운데 아병[3]이 가장 많다. 나는 매달 10일마다 그들을 점검하여 무기도 정비하고 복장도 갖추게 하였으며 모자라는 인원도 보충하였다.

天鵝聲動鼓鼟鼟, 聚點官門日正中.
束伍牙兵三十隊, 鴉靑快子服裝同.

> 本縣各項軍額 各色牙兵最多. 余以初十日聚點 整器械修服色塡闕額.

---

1) 천아성(天鵝聲)은 변사(變事)가 생겼을 때, 군사를 모으기 위하여 길게 부는 나팔 소리를 말한다.
2) 쾌자(快子)는 옛 전복(戰服)의 하나로 등솔을 길게 째고 소매는 없다. 근래는 복건과 함께 명절이나 돌날에 어린아이들에게 입힌다.
3) 아병(牙兵)은 조선 후기 수어청이나 총융청, 감사가 소재한 감영에 소속된 군사를 이른다.

눈 내린 도솔산

병들어 누운 베개 눈물에 젖고 촛불마저 흐릿한데
세찬 바람이 눈보라를 몰아 텅 빈 뜨락 두드리네.
신새벽에 몸을 일으켜 창문을 밀쳐 보니
하얀 눈이 쌓여 도솔산이 푸른빛을 잃었네.

　　도솔산[1]은 산 이름인데 고을 남쪽 15리 되는 곳에 있다. 이 날 눈이
　　한 자 깊이로 내렸다.

病枕涔涔蠟燭熒, 颷風驅雪打空庭.
平明强起推牕坐, 兜率山光頓失靑.
　兜率山名 在縣南十五里. 是日雪深一尺.

---

1) 도솔산은 지금의 충청남도 논산시 양촌면과 전라북도 완주군 운주면의 경계에 있는 산이다.

이장현이 김포군수가 되었다는 소식을 듣고

조강[1]의 봄물 용솟음치며 흐르고
아름다운 금릉[2]은 제일가는 고을
신명께 군수가 된 것 깊이 감사드리니[3]
안개꽃은 3월의 청유淸遊[4]를 더하리.

    조강은 강 이름인데 강화도[5]에 들어가는 바다에 있다. 소문에 이장현[6]이 김포군수로 나갔다고 한다. 김포는 경기도의 가난한 고을이다.

祖江春水拍天流, 佳麗金陵第一州.
多謝神明東社宰, 烟花三月賸淸遊.

    祖江江名 在沁都海口. 聞李侯章顯出宰金浦 金浦畿內薄邑.

---

1) 조강(祖江)은 한강과 임진강이 만나는 한강 하류 끝의 한강 물줄기를 일컫는 이름이다. 경기도 김포시 월곶면 조강리 앞에 조강나루터가 있었다.
2) 원문의 금릉(金陵)은 지금의 경기도 김포시의 다른 이름이다.
3) 신명께 … 감사드리니 : 이장현이 김포군수로 가게 된 것을 말한다. 동사(東社)는 동쪽에 있는 사직이라는 뜻으로, 우리나라를 이르는 말이고, '재(宰)'는 '군재(郡宰)'로 곧 군수를 말한다.
4) 청유(淸遊)는 풍취 있는 놀이로 속진(俗塵)을 떠나 자연을 즐기는 것을 말하며, 한가한 지방관으로 나가는 것을 말한다.
5) 원문의 심도(沁都)는 강도(江都), 곧 강화도(江華島)를 달리 이르는 말이다.
6) 이장현(李章顯, 1758~1822)은 조선후기 문신으로 본관이 전주이고 자가 숙가(叔嘉)로 익위사(翊衛司) 익위(翊衛) 등을 역임한 인물이다.

매제 이헌승이 용담현감이 되었다는 소식을 듣고

오마五馬[1]의 검은 일산 남풍에 펄럭이고
동장銅章은 아득히 사군의 옷에서 반짝이네.[2]
장계의 화표주[3] 지금도 여전한데
어언간 정령위[4]는 떠나고 돌아오지 않네.

경자년(1780) 돌아가신 아버지(김재칠)께서 장수현감이 되었다. 금년(1818) 나의 막내 여동생의 남편인 이헌승[5] 공진公軫이 이 고을의 현감이 되었다. 장계는 지명이며 용추에 화표주가 있다.

五馬南風皁盖飛, 銅章遙暎使君衣.
長溪華表今猶在, 焉間令威去不歸.

庚子 先大人爲長水宰. 是歲春 余妹壻李憲承公幹[6]爲是邑. 長溪地名 有龍湫華表.

---

1) 오마(五馬)는 다섯 마리의 말이나 전하여 태수(太守)를 달리 이르는 말이다. 원래 태수의 수레는 네 마리 말이 끄는 수레였는데, 이외에 한 마리의 말을 곁말로 따라 다니게 한 데서 이와 같이 부르게 되었다.
2) 동장(銅章) … 반짝이네 : 동장(銅章)은 벼슬아치들이 지닌 구리 도장을 말한다. 한(漢)

나라에서는 6백 석 이상의 녹봉을 받는 벼슬아치가 가졌다고 한다. 사군(使君)은 주(州)·군(郡)의 장관에 대한 존칭으로 현감이나 군수를 지칭한다.
3) 화표주(華表柱)는 중국의 전통적인 건축 양식에서 사용되는 기둥을 말한다. 일반적으로 대좌(臺座, 받침대), 반룡주(蟠龍柱, 똬리를 틀고 있는 용이 새겨져 있는 기둥), 승로반(承露盤)과 그 위에 있는 준수상(蹲獸像)으로 구성되어 있다.
4) 정령위(丁令威, ?~?)는 전한 요동(遼東)사람으로 전설상의 인물이다. 고향을 떠나 영허산(靈虛山)에 들어가서 선도(仙道)를 배워 학이 되어 돌아왔다. 어떤 소년이 활로 쓰려고 하니 화표주(華表柱)에 앉아 "내가 집을 떠난 지 천 년이 되어 돌아왔는데, 성곽은 여전한데 사람들은 변했구나."라고 말한 뒤 공중을 배회하다 스스로 정령위라 부르면서 천 년 뒤에 돌아오겠다는 말을 남기고 떠나갔다고 한다.
5) 이헌승(李憲承, 1766~순조신묘)은 본관이 전주이고, 자가 공진(公軫)이며, 아버지는 행종묘서령(行宗廟署令)을 역임한 이영주(李英胄)이다. 그는 1801년(순조 1) 진사시에 합격한 후 음서로 장수현감 등을 역임하였다.
6) 이헌승의 자는 공진(公軫)으로 공간(公幹)은 오자(誤字)이다.

만나자는 약속을 어기다

청풍부사가 한 장의 편지 보내오니
승발承發[1]편의 사신[2] 봉인이 선명하네.
멀리서 상상컨대, 오늘 밤 감영[3]에서 묵으며
분명 약속을 어겼다고 못난 형을 비웃으리.

청풍부사인 이복현[4]은 자가 현심見心인데 나의 외종제이다. 설 쇠기 전에 날을 잡아 공주감영에서 만나기로 하였으나 내가 병을 앓아서 가지를 못하자 원망이 심하였다.

淸風都護尺書呈, 承發私通踏印明.
遙想今宵營下宿, 應將虛約笑愚兄.

淸風倅李侯復鉉見心 余之外從弟也. 歲前約日期會于營下 余以病 不赴 恨甚.

---

1) 원문의 승발(承發)은 관문서(官文書)를 보내고 받음, 관아의 이서(吏胥) 밑에서 문서의 수발(受發) 등의 잡무를 맡아보던 하급 관원으로 승발녹사(承發錄事), 승발리(承發吏), 승발서리(承發書吏)라고 한다.
2) 원문의 사통(私通)은 공사(公事)에 관하여 편지 등으로 관원끼리 사사(私事)로이 주고받음, 또는 그 편지를 말한다.
3) 원문의 영하(營下)는 조선 시대 각 지방에 있는 감영(監營), 병영(兵營), 수영(水營), 유수영(留守營) 등의 관청 건물 내부나 그 전체를 가리키기도 하고, 또는 그것이 있는 고을을 말한다.
4) 이복현(李復鉉, 1767~1853)은 본관이 전주이고 자가 현심(見心)이며 호가 석현루(石見樓)이다. 1786년 참봉으로 관직생활을 시작하여 비인현감, 고성군수를 거쳐, 1817년 청풍부사가 되었으며, 뒤에 중추부첨지사에 올랐다. 문집으로『석현루시초』가 있다.

조유옹을 애도하며

눈 개고 구름 걷힌 맑고 찬 하늘
은하수에 북두칠성이 가로 꽂혔네.
침상에서 놀라 홀연히 꿈을 깨니
분명히 정말 조유옹을 마주 보았네.

유옹 조학춘趙學春[1] 자원 어른은 나와 더할 수 없이 깊은 사귐이 있었다. 정축년(1817) 유옹이 죽었는데, 어제 밤 꿈에 유옹을 부평의 관아에서 만났다.

雪晴雲斂瀞寒空, 河漢闌干斗挿中.
枕上忽驚幽夢罷, 分明相對趙荑翁.

趙荑翁學春子元丈 與余爲至愛交. 丁丑冬 荑翁歿 昨夜夢 相會於荑翁之富平衙.

---

1) 조학춘(趙學春, 1755~1817)은 조선 후기 문신으로 본관은 임천(林川)이고 자는 자원(子元)이며 호는 유옹(荑翁)이다. 아버지는 통덕랑 조덕형(趙德洞)이며, 문신이자 서예가인 조면호(趙冕鎬)의 아버지로 1792년 진사시에 합격하여 음관으로 출사하여 부평현감 등 여러 지방관을 역임하였다.

환자쌀을 나누어 주며

늦은 저녁 가마 타고 동헌으로 나가서
몇 섬의 환자곡[1]을 네 번째로 나눠줬네.
일찍이 사정 몰라 매질한 게 한이로다.
창고 뜰 가득 찬 헐벗은 백성들[2] 차마 볼 수가 없네.

　방언에 50말을 '곡斛'이라 하고, '곡'을 '섬'이라고 하며, '섬'을 '포包'라고 하는데, 그 실상은 한 가지이다. 환자 쌀을 나누어 주는 기간을 '순巡'이라고 하며, '순'을 '영令'이라고도 한다.

肩輿日晚赴東廳, 分給還包第四令.
却悔從前鞭撻誤, 忍看鶉鵠滿倉庭.

　方言十五斗曰斛 斛曰石 石曰包 其實一也. 分還期會之名曰巡 巡曰令.

---

1) 환자곡(還子穀)은 조선 시대 각 고을의 사창에서 백성에게 꾸어 주고 가을에 이자를 붙여 받아들이던 곡식으로 조선 후기에는 사환곡이라고 하였다.
2) 원문의 순곡(鶉鵠)은 순의(鶉衣)와 곡발(鵠髮)을 합친 어휘이다. 순의(鶉衣)는 누더기 옷을 말하며, 곡발(鵠髮)은 머리털이 하얗게 센 것을 말하므로 누더기 옷을 입고 머리가 하얗게 센 헐벗고 늙은 백성들을 뜻한다.

동생 서원의 편지

서원[1]과 함께 자고 먹은 지가 언제였던가?
새 봄 절반 동안 서로 안부가 끊겼네.
처마에 아침 까치가 울어 기쁜 소식 알리니
편안하다는 두 글자 서너 줄로 써보네.

> 초봄 이후 서원[김선]의 소식을 듣지 못했는데, 오늘 아침 갑자기 까치가 날아와서 처마에서 울었다. 얼마 후 경저리[2]가 와서 편지를 전해 주었다.

犀園眠食近何如, 强半新春斷起居.
簷鵲朝來嗃報喜, 平安二字數行書.

開春以後 不聞犀園消息 今朝忽見飛鵲噪簷, 尸而邸人至 貝書

---

1) 서원(犀園)은 작자인 김려의 동생인 김선(金鑣, 1772~1833)의 호이다. 김선은 자가 사홍(士鴻)이고 호는 서원(犀園)이며 대일 수신사로 갔던 김기수(金綺秀)의 할아버지이다. 그는 김려보다 6년 연하로 1797년 형 김려와 함께 강이천(姜彛天) 비어사건에 연루되었고, 1801년 신유옥사 때에는 초산(楚山)에 유배되는 등 초년에는 형과 함께 불우한 시절을 겪었다.
2) 경저리(京邸吏)는 서울에 파견되어 경저에 머무르는 지방 관청의 아전으로 지방 관청의 일을 대행하여 중앙과 지방 관청 사이의 연락 업무, 세공(稅貢)의 납부, 지방관의 공적·사적인 부탁의 수행 등을 담당하였으며, 경저(京邸), 경저주인(京邸主人) 등으로 불렸다.

비바람 치는 밤

돌 구르고 모래 뒤집히며 기와장이 날아가고
열 아름의 늙은 느티나무 줄기가 부러졌네.
미천한 나는 이날 밤 내내 잠 못 이루고
하늘에서 내린 위세 두렵고도 무서웠네.

 2월 16일 큰 바람이 불어 모래를 날리고 돌을 굴렸다. 그 소리가 마치 땅이 꺼지고 산이 무너지는 듯 했는데 새벽이 되어서야 그쳤다.

走石飜沙屋瓦飛, 老槐中斷十來圍.
微臣是夜難成寢, 惶恐蒼天降疾威.
 仲春十六日 大風飛沙走石. 其聲如地陷山崩 達宵乃止.

진찰을 받고서

호서 의원의 치료에도 병세는 점점 심해지고
이씨 어른의 진찰이 가장 정밀하였네.
이른 새벽 진맥하며 청낭결[1]을 뒤지더니
양기 올리고 화 내리는 처방을 내놓네.[2]

 순상[3]인 권상신[4]이 의원인 이의도를 보내어 내 병을 진찰하게 하였다. 그의 의술은 다른 의원들에 비해 조금 나았다.

閱盡湖醫病漸荒, 李翁看症最精當.
清晨診脉探囊訣, 拈出升陽順氣方.

 巡相西漁公 送李醫宜道診余病. 其術比諸醫差勝.

---

1) 청낭결(靑囊訣)은 중국의 고대 전설적인 명의인 화타(華佗)가 남겼다는 비방의 의서를 말한다.
2) 양기를 … 내놓네 : 승양(升陽)은 양기(陽氣)를 끌어올리는 것이고, 순기(順氣)는 기를 순조롭게 한다는 말로 화기를 내리는 것을 말한다.
3) 순상(巡相)은 관찰사를 말한다.
4) 권상신(權常愼, 1759~1825)은 조선후기 문신으로 본관이 안동이고 자는 경호(絅好)이며 호는 일홍당(日紅堂)·서어(西漁)이다. 진사·문과·전시(殿試)에 각각 장원 급제하여 삼장장원(三場壯元)이라 하였다. 병조 참지(兵曹參知)로 시작하여 호조·병조판서를 거쳐 우참찬·도총관을 지냈으며, 1825년(순조 25) 정사(正使)로 연경(燕京)에 가다가 병사했다.

용담현감 이봉규와의 만남

종 한 명에 여윈 말로 호남 땅에 부임하며
주막에서 만나 두 손 맞잡고 담소를 나누네.
근검절약은 그대 집안에서 전해온 전통
행인들도 모두 용담현감 이야기를 하네.

   용담현령 이봉규[1] 치서는 나와 같은 시기에 소과에 급제[2]하였다. 조상의 무덤에 가서 살피고 제사지내기 위해 상경하였다가 오늘 관아로 다시 돌아가다가 나를 찾아왔다.

贏驂短僕赴湖南, 店舍相逢握手談.
淸約君家能世守, 行人亦說李龍潭.
   龍潭縣令李侯鳳奎穉瑞 余同庚也. 因省掃上京 今始還衙歷訪.

---

1) 이봉규(李鳳奎, 1766~1835)는 조선후기 문신으로 본관이 경주이고 초명이 이영수(李永秀)이며 자가 치서(穉書)이다. 아버지는 이조참판 이경양(李敬養)이고 어머니는 정원시(鄭元始)의 딸이다. 1804년 진사시에 합격하여 음직으로 용담현감 등을 역임하였다.
2) 동경(同庚)은 나이가 같은 동갑(同甲)이거나, 같은 시기의 과거에 급제하여 방목(榜目)에 같이 오른 사람을 말한다.

그리운 아버지

고을 백성들이 아버님의 시를 칭송하는데
그대 남쪽 관아로 향하며 무슨 생각 하는가?
바위 위 부질없이 남아있는 세 글자
만 년 세월 비바람에도 닳지 않으리.

 장계의 용추에는 돌아가신 아버지가 제목을 붙여 새긴 시 '일 년의 반은 남가일몽을 꿈꾸는데, 서로 입으로 전하는 원망만 많았네.'라고 하였다.

先人詩句縣旺歌, 君向南衙意若何.
石上空留三大字, 萬秋風雨不能磨.
 長溪龍湫 有先大人題名刻詩. 一午強半夢南柯 贏得口碑怨說多云云.

호기豪氣가 넘치는 친구 김호

단짝 친구 김 노인은 옛날 최고의 시인[1]
반평생 제멋대로 노래 부르며 게으름 피웠다네.
지금도 백발을 마늘종 흩날리듯 하고
여전히 난발 한 채 백 사발이나 마신다네.

   나의 단짝 친구 김호金浩는 자가 천성인데, 자호하기를 '지천'이라고
했으며, 술을 좋아하고 시를 잘 지었다. 하루는 나를 찾아와서 서너
날을 몹시 마시고서 갔다.

牙述老翁古詞宗, 狂歌半世任踈慵.
如今白髮飄如蒜, 猶自蓬蓬吸百鍾.
   牙述金浩天性之自號芝川 嗜酒能詩. 一日來訪 劇飮數日而去.

---

1) 원문의 사종(詞宗)은 사백(詞伯)과 같은 말로 시문에 능한 사람, 시문의 대가를 높이어
일컫는 말이다.

세금에 시달리는 백성

인정미人情米[1]으로 내는 잡비, 온갖 명색의 토색질
선혜청 공문서[2]를 보니 조정 잘못도 적지 않네.
백성들 살점을 어이 그리 긁어내나
아전놈[3]들 제 배만 기름지게 만드누나.

   금년 봄(1817) 선혜청의 당상관인 이존수[4]가 잡비종목[5]을 설정하여
   공문으로 내려 보내고 거두어들이게 하였다.

雜費人情細鍊磨, 惠廳關子廟謨多.
如何剜刼黔蒼肉, 敎喫輿儓肚腹膰.

   今春 惠廳堂上李公存秀 定雜費數爻 發關行會.

---

1) 인정미(人情米)는 조선 후기에 부과했던 세금의 한 종류이다. 창고의 출납을 감독하는 하급관리가 백성들의 사정을 보아 주는 것에 대한 위로비 명목으로 1섬에 두 되를 부과하여 징수하였다.
2) 원문의 관자(關子)는 조선시대 동등한 관서 상호간이나 상급관서에서 하급관서로 보내는 문서로 오늘날의 공문서이다.
3) 원문의 여대(輿儓)는 예전에, 남의 집에 딸려 천한 일을 하던 사람, 즉 하인을 말하는데, 본고에서는 하급관리인 아전의 의미이다.
4) 이존수(李存秀, 1772~1828)는 조선후기 문신으로 본관이 연안(延安)이고 자가 성로(性老)이며 호는 금석(金石)이고 시호는 문익(文翼)이다. 월사(月沙) 이정구(李廷龜)의 후손으로 아버지는 판서 이문원(李文源)이다. 1794년 과거에 급제하여 벼슬이 좌의정에 이르렀다. 경상도 함경도 관찰사로 나아가 선정을 베풀었으며, 『광보자경편(廣補自警編)』을 편찬하였다.
5) 잡비종목은 벼슬아치들에게 은근히 주던 선물이나 뇌물 따위를 이르던 말이다.

석왕사의 땡중

석왕사 중놈들 모두가 땡중들이라
해탈에는 관심 없고 다만 돈 벌 궁리뿐
삼백 꿰미 시주 돈을 무슨 일로 모았던가?
극락 간다는 달콤한 거짓말로 모았겠지

　　석왕사는 평안도 안변에 있는데 임금이 쓴 글씨를 보관하는 전각이
　　있다. 승려들이 사방팔방에 모연문[1]을 돌려 시주의 기부금이 300
　　꿰미나 되었다.

釋王寺衆總頑禪, 不論淨業只論錢.
底事酉台三百貫, 西天極樂募虛緣.
　釋王寺在安邊 有御筆藏修之閣. 募緣八路 酉台捐給三百貫.

---

1) 모연문은 승려가 시주에게 돈이나 물건을 기부하게 하여 좋은 인연을 맺게 한다는 글이다.

반가운 편지

전에 보낸 편지 잘못 갔나 걱정했더니
봄 기러기 날아들어 회답편지 전해주네.
다정한 말 가득하여 내 병이 치료되는 듯
갑자기 눈물 줄줄 흘러 두 뺨을 훔치네.

　　전에 시랑侍郎인 소석 김우순[1]에게 편지를 붙였으나 회답을 받지 못하였다. 오늘에야 비로소 영저리[2] 편으로 회답편지를 보내주어 받았다.

向來書角訝虛傳, 春鴈朝飛帶素牋.
滿幅情言撩病緒, 忽抆雙眼淚潸然.
　頃寄小石金侍郞愚淳書 不見回報　今因營邸 始見答簡.

---

1) 김우순(金愚淳, 1760~?)은 조선후기 문신으로 본관이 안동(安東)이고 자가 오여(吾輿)이며 호가 소석(小石)이고, 아버지는 김이명(金履命)이다. 1803년(순조 3) 과거에 급제하여 벼슬이 대사간에 이르렀다.
2) 영저리(營邸吏)는 조선 시대 각 도의 감영(監營)·병영(兵營)·수영(水營) 등에 소속되어 있으면서 각 군아(軍衙)와 각 영 간의 연락임무를 담당하던 이속(吏屬)으로 영저인(營邸人), 영주인(營主人), 저리(邸吏) 등으로 불렸다.

호색한 이향회

진산 고을 현감 이솔경은 화도 내지 않고
늙다리 살진 몸에 배만 볼록 튀어나왔네.
아침에 청동 술잔으로 천 잔이나 마시고도
밤엔 예쁜 색시 끼고도 두 어깨가 가뿐 하네.

    진산현감 이향회[1]는 자가 솔경率卿인데 편지를 보내 두 고을의 경계에서 한 번 만나자고 약속을 했다. 스스로 자랑스럽게 두 명의 기생을 끼고 천 말을 마신다고 하였다.

不忿珍州李率卿, 暮年豐肉腹彭亨.
朝傾綠鴨千鍾淺, 夜擁紅蛾兩臂輕.
  珍山守李侯享會率卿 有書約余兩界上一會. 自詑擁雙姬吸千鍾云云.

---

1) 이향회(李享會, ?~?)는 조선후기 문신으로 본관이 양성(陽城)이고 자가 솔경(率卿)이며, 음직으로 진산현감을 역임했으나 자세한 이력은 알 수가 없다.

단양유람 약속을 하고

순상의 편지 봉투에는 사향 향기 배어있고
늦봄에 놀러 가자는 약속의 말 은근하였네.
온천지가 붉은 꽃들로 술처럼 짙어 가는데
옥순봉[1] 위에서 그대와 서로 만나 보겠네.

순상[2]인 권상신[3]과 일찍이 네 고을을 함께 유람할 것을 약속했다. 오늘 또 편지를 보내어 함께 갈 것을 재촉하였으나 내가 아파서 갈 수가 없었다.

巡相書函襲麝薰, 季春游約說慇懃.
千紅萬紫濃如酒, 玉筍峯頭會見君.

巡相西漁公 曾有四郡同游之約. 今又貽書促赴 余以病不得行.

---

1) 옥순봉(玉筍峯)은 충청북도 단양군에 있는 명승지로 단양 팔경의 하나이다. 기묘한 봉우리들이 마치 비 온 뒤의 죽순처럼 솟아 있어 이와 같이 불렀다. 경치가 빼어나 예로부터 소금강(小金剛)이라고도 하였다.
2) 순상(巡相)은 조선 시대 병란이 있을 때 왕명으로 지방의 군무(軍務)를 순찰하던 임시 벼슬, 또는 도(道) 안의 군무를 순찰하는 일을 맡아보던 벼슬로 관찰사가 겸임하였다.
3) 권상신(權常愼, 1759~1825)은 조선후기 문신으로 본관이 안동이고 자는 경호(絅好)이며 호는 일홍당(日紅堂)·서어(西漁)이다. 진사·문과·전시(殿試)에 각각 장원 급제하여 삼장장원(三場壯元)이라 하였다. 병조 참지(兵曹參知)로 시작하여 호조·병조판서를 거쳐 우참찬·도총관을 지냈으며, 1825년(순조 25) 정사(正使)로 연경(燕京)에 가다가 병사했다.

홍원을 애도하며

기축년 달 밝은 어느 날 기도관[1]에서
술잔을 주고받으며 거문고를 뜯었었지
넋이야 분명 하늘로 올라갔으련만
모르겠구나. 소선이 어느 곳에 묻혔는지?

홍원洪蓮[2]은 자가 장원長遠인데, 스스로 호를 짓기를 '기도굴산인'이라고 하였다. 요즈음 청주의 장산별장에 살았는데, 오늘 아침 그의 부고를 받았다. 소선簫仙은 그의 다른 별호이다.

耆闍觀裏月娟娟, 把酒鳴琴己丑年.
精爽祗應天上去, 不知何處葬簫仙.

洪長遠蓮自號耆闍崛山人. 方住西原之莨山別業 今朝見訃. 簫仙長遠一號.

---

1) 기도관(耆闍觀)은 홍원이 살고 있는 집을 말한다. 기도관은 부처님이 왕사성을 나와서 한 때 머물던 곳이다.
2) 홍원(洪蓮, 1764~?)은 본관이 남양이고 자가 장원(長遠)이며 호는 기도굴산인(耆闍崛山人)이고, 아버지는 안동진관병마동첨절제사(安東鎭管兵馬同僉節制使)를 역임한 홍대용(洪大容)이다. 1804년(순조 4) 진사시에 합격한 것 외에는 자세한 이력을 알 수 없으나 자호를 보아서 독실한 불교신자로 보인다.

애처로운 무당

고삭은 단풍나무 둘레에 돌무지 모아 놓고
울긋불긋 색 헝겊 가지마다 걸어 놓았네.
해사한 시골무당 어지간히 부끄러운 듯
백주 대낮 한길에서 요령만 흔드누나.

경천[1]으로 가는 도중 이가 하얗고 입술이 붉은 무당 한 명을 만났는데, 오른손으로 방울을 흔들고 왼손엔 깃발을 잡고 있었다. 목청을 뽑아 느릿느릿 노래를 부르는데, 노래 소리가 매우 처량하였다.

纍石叢隍遶禿楓, 枝頭掛綵散靑紅.
村巫玉面含羞澁, 白晝揚鈴大道中.
　擎天道中 見一巫皓齒朱脣 右手揚鈴 左手執幡. 延嚨徐謳 聲甚凄楚.

---

1) 경천은 지금의 충청남도 공주시 계룡면 경천리 일원이다. 이곳은 연산에서 공주로 가는 길목으로 주점이 있는 주막거리이다.

병들어 누워있는 내 모습

온종일 봄바람이 개이지 않아 괴로운데
개나리 이미 피고 살구는 꽃망울 맺혔네.
가련하게도 병으로 오래도록 방안에 처박혀서
술도 끊고 홀로 텅 빈 침상에 누워 지내네.

  나의 병은 외풍[1]이 가장 심하다. 춘분이 이미 지나갔고 청명이 멀지
  않아서 정원의 꽃소식이 한창인데도 한 번도 문밖에 나가 보지 못했
  다.

鎭日東風苦不開, 連翹已綻杏花胎.
堪憐病殼淹時久, 獨臥空牀斷酒盃.
  余病畏風最甚. 春分已過 淸明不遠 園中花事 方殷不得一番出門.

---

1) 외풍(畏風)은 바람을 싫어하는 것을 말한다.

군대사열을 하며

호포[1]소리 울리고 북을 세 번 치더니
단 위로 오른 태수 군사들을 점검하네.
무명 차일 고주대[2] 위에 둘러 있고
담홍색 교의[3]가 한가운데 놓여있네.

   금년 봄, 각 도에서는 육지와 바다에서의 대규모 군사훈련을 모두 흉년이 들어서 임시로 정지[4]하였다. 다만 본관 수령으로 하여금 각자 맡은 고을의 조련을 하게 하였다.

一聲砲響鼓三通, 太守登壇禮數雄.
白木帳圍遮日柱, 淡紅交椅最當中.
   今春各道水陸大操 皆以歉荒權停. 只令本官各於其邑操鍊.

---

1) 호포는 군대에서 신호로 쏘는 총이나 대포를 말한다.
2) 고주대는 기둥을 세워서 높게 만든 단으로 사열대 등을 말한다.
3) 교의(交椅)는 원래 제사를 지낼 때 신주(神主)를 올려놓는 의자이나 의미가 전성되어 '의자'라는 의미로 쓰인다.
4) 원문의 권정(權停)은 정례(定例)에 의하여 행하는 일을 사정이나 형편에 따라서 잠시 멎거나 그만두는 것을 말한다.

군사훈련을 시키며

북 치고 바라 치며 한바탕 맞붙는데
일제히 진을 치고 철총이 날 듯 내달리네.[1]
전립에 붉은 융복입고 채찍 들고 투구 쓴
좌초[2] 초관[3]이 의기 등등하여 돌아오네.

고을의 군병 조련절차는 모두 『척씨지남』[4]에 의거하여 서울의 각 영문營門에 속해 있는 군사들의 훈련과 비슷하였다.

伐鼓鳴鑼較一圍, 常山蛇勢鐵驄飛.
鞭兜氈笠紅戎子, 左哨哨官意氣歸.
邑操時節次 皆依戚氏指南 與京軍門習操彷彿.

---

1) 일제히 … 내달리네 : 지휘관을 태운 말이 날듯이 내달리고 군인들이 일제히 대오를 이루어 진을 지치는 것을 말한다. 상산사세(常山蛇勢)는 『손자』〈구지편(九地篇)〉에, 상산에 사는 뱀인 솔연처럼 적이 습격하면 모두가 서로 원호하는 진법을 사용하는 것을 비유한 말로 수미가 잘 호응하는 것을 비유한 말이다. 철총(鐵驄)은 철총이로 몸에 검푸른 점이 박힌 말을 이른다.
2) 좌초(左哨)는 군대 조직의 한 단위. 군사 약 1백 명씩을 단위로 하여 조직되는데, 중, 좌, 우, 전, 후 등의 이름을 붙여 편성된다.
3) 초관(哨官)은 각 군영(軍營)에 소속된 위관(尉官)의 하나. 군대 1초(哨)를 거느리는 종9품 무관을 말한다.
4) 명나라 장군 척계광(戚繼光)이 오랑캐와 왜구와의 실제 싸움을 바탕으로 지은 병서(兵書)로 『기효신서(紀效新書)』를 달리 이르는 말이다. 임진왜란 때 선조가 이 책을 구해 훈련도감(訓鍊都監) 설치에 이용했다.

천호산의 봄날

맑게 갠 봄밤이 고요하기 그지없어
살살 걸어 동헌에 나오니 기분도 상쾌하네.
천호산[1] 남쪽 중턱을 바라보니
새벽안개 꿈결 같고 숲은 잠이든 듯

> 고을의 치소가 황령산 아래에 있다. 황령은 일명 천호산이라고 한다.

春宵澄霽靜淵淵, 嫩步臨軒意爽然.
天護山南腰一半, 曉霞如夢樹如眠.

> 邑治在黃嶺之下. 黃嶺一名天護山.

---

1) 천호산(天護山)은 충청남도 논산시 연산면 천호리에 있는 산으로 지금은 천호봉(天護峯)이라고 한다. 본래의 이름은 황산(黃山)이었는데, 고려 태조가 이 일대에 대찰 개태사(開泰寺)를 창건한 후 천호산으로 고쳤다. 그러나 고려 이후에도 황산은 천호산의 일명으로 계속 불리어 왔다.

간사한 백성의 사주를 처리하며

백석리[1] 젊은 과부 아들의 원통함을 하소연하려
천 자가 넘는 한글로 쓴 진정서를 올렸네.
간사한 백성의 사주[2]라 참으로 헤아리기 어려운데
큰 은혜 갚지 않고 도리어 은혜를 저버리네.

> 백석은 마을 이름이다. 어떤 과부 농민이 한글로 된 진정서를 올려 관가를 중상모략을 하였다. 고을 사람인 이진영의 사주를 받은 것이다. 이진영을 일찍이 나에게 은혜를 입은 자이다.

白石婆娘訟子寃, 呈單諺字溢千言.
姦民指嗾誠難測, 不報洪恩反負恩.

> 白石村名. 有田寡婦者呈諺單 誣蠛官家. 乃邑人李振榮所指嗾. 振榮曾受恩於余.

---

1) 백석리는 지금의 충청남도 논산시 연산면 백석리로 연산에서 공주로 가는 길목에 있다.
2) 원문의 지주(指嗾)는 달래고 꾀어서 무엇을 하도록 부추기는 것을 말하며, 사주(使嗾)와 같은 말이다.

친구 정군박에게

그대는 나이 60이 넘어 귀밑털이 하얗지만
인간세상에서 의리가 가장 넘치는 사람
혈기가 쇠하면 경계함이 마땅하거니
이웃을 구렁으로 삼는 것은 백규를 가는 것만 못하리.[1]

   호가 농오인 정군박이 사람들과 안흥[2]에 보를 쌓는다고 한다. 내가 편지를 보내 그것을 말렸다.

君年六十鬢成皤, 閱盡人間義理多.
血氣衰來宜戒得, 壑隣不似白圭磨.
   鄭農塢君博 與人築洑於安興. 余貽書止之.

---

1) 구렁을 … 못하리 : 정군박이 안흥에 보를 쌓는 일을 이웃에 해를 입히는 일이므로 그만두고, 이제 나이도 60이 넘었으니 말과 행동을 신중히 하라는 당부이다. 학린(壑隣)은 '이웃을 구렁으로 삼다'라는 뜻으로, 남에게 손해를 끼치는 것을 아랑곳하지 않고 자신의 이익만 챙기는 태도를 비유하는 고사성어이다. 중국 전국시대 백규(白圭)라는 사람이 자기 나라에 둑을 쌓아서 수해를 면하게 하고 이 물을 이웃 나라에 흐르게 하여 수해를 입게 한 것을 맹자가 불인(不仁)한 행위라고 비판하였다. 백규마(白圭磨)는 백옥의 흠집을 갈아 없앨 수 있듯이 항상 말을 삼가고 행실을 신중히 하는 것을 말한다. 『시경·대아』「억편(抑編)」에 "백옥으로 만든 규(圭)의 흠은 오히려 갈면 될 수 있지만, 말의 흠은 갈아낼 수 없다.(白圭之 尙可磨也 斯言之玷 不可爲也.)"라고 하였다. 공자의 제자인 남용(南容)은 이 구절을 매일 세 번씩 반복해서 외우자, 공자가 이를 훌륭하게 여겨 자신의 조카딸로 처를 삼게 했던 고사가 있다.(『논어·선진』, 南容 三復白圭 孔子以其兄之子 妻之.)
2) 안흥은 지금의 충청남도 태안군 근흥면 정죽리 일원이다.

진달래 핀 봄날

한들한들 꽃바람에 실버들 징징 늘어지고
덧없는 봄날 하마 절반이나 지나갔구나.
시냇가 마을은 서른 집이나 될까 말까
울타리로 심은 진달래꽃 활짝 피었구나.

　나는 병에 지쳐서 대문 밖을 나가지 않은 지가 이미 한 달이 넘었다. 하루는 가마를 타고 창천[1]에 사는 김재선[2]의 집을 방문하러 가는데, 푸른 버들과 붉은 꽃이 피어 봄이 이미 한창 무르익었다.

輕風陣陣柳絲斜, 荏苒春光已半賖.
近水閭閻三十戶, 繞籬開遍杜鵑花.
　余病慵不出門 已月餘. 一日肩輿訪止卿于蒼川 柳綠花紅 春事已爛熳.

---

1) 창천은 지금의 충남 논산시 가야곡면 종연리와 부적면 신풍리 일원으로 흐르던 냇물인데, 1944년 탑정저수지가 축조되면서 수몰되었다.
2) 지경(止卿)은 김재선의 자이다. 『음안(蔭案)』에 의하면, 김재선(金在善, 1778~?)은 본관이 광산이고 자가 지경(止卿)이며, 1822년(순조 22) 진사시에 합격하여 음직으로 창녕군수 등을 역임했다.

한식날의 풍정

푸른색 무명치마에 초록빛 장옷입고
머리에 광주리 이고 발걸음은 날아갈 듯
오늘이 바로 한식날이라고 이르며
집집마다 산소에 떡 올리고 돌아가네.

   3월 2일은 한식날이다. 진달래꽃이 만발하고 산소에 올라온 자들은 모두 꽃 지지미를 지졌다.

靑棉裙子綠長衣, 頭戴鬖盤步似飛.
道是今朝寒食節, 家家墳上薦糕歸.
  三月初二日寒食. 杜鵑滿發 上墓者皆贊花糕.

가난한 늙은이

검은 얼굴에 온통 흰 수염이 덮수룩한 노인
번들번들 벗어진 대머리에 삿갓은 헐렁헐렁
어깨에 지게진 채 밭두둑에서 쉬다가
종종포에서 땔나무 팔고 돌아오네.

> 강창 가는 길에 한 노인이 지게를 지고 길가에서 쉬고 있었다. 나이를 물어보니 여든 한 살이라고 하였으며, 조금 배고픈 기색이 있었다. 종종포[1]는 지명이다.

野翁鬚黑雪盈顋, 禿髻光光不滿䉧.
肩著支機䏶畈憩, 終終浦上賣柴迴.

> 江倉之行 見一老人負支機憩路傍. 問其年 八十一歲 微有飢色. 終終浦地名.

---

1) 종종포는 다른 명칭이 '종종계'이다. 이곳은 현재 충남 논산시 덕지동에 위치하고 있으며, 관촉사가 있는 반야산에서 발원하여 서북쪽으로 흘러 덕지동에서 옛날 연산현과 경계였던 논산천과 합류한다. 현재는 넓은 들과 도시화로 건물이 들어서서 냇물의 흔적이 없어졌지만 논산역 앞을 지나는 국도변(대전 전주간 국도)과 논산계룡교육청 주변(관촉사 사거리에서 관촉사 방면 지방도)에 커다란 표석이 남아있다.

돈암서원遯巖書院

솥귀바위 근처의 돈암서원[1]
선배의 남긴 향기 생각사록 기특하구나.
산앙루[2] 앞 일제히 말에서 내리고
머리 맞대고 송옹[3]의 비문을 읽네.

> 서원은 고을의 서쪽 10리 사계의 옛 유허지에 있고, 사계,[4] 신독재,[5] 우암,[6] 동춘당[7] 등 네 선생을 제향한다. 산앙루 문루의 편액과 비문은 우암이 지었고, 동춘당이 썼다.

遯巖書院翼巖陲, 先輩遺芬想像奇.
山仰樓前齊下馬, 幷頭來讀宋翁碑.
> 院在縣西十里沙溪舊墟 享沙愼尤春四先生. 山仰樓門樓扁額 尤庵撰碑 同春書.

---

1) 돈암서원(遯巖書院)은 충청남도 논산시 연산면 임리에 있는 조선 시대의 서원으로 인조 12년(1634)에 김장생의 덕을 기리기 위해 건립하였다. 현종 원년(1660)에 왕이 '돈암'이라는 현판을 내려 주어 사액 서원이 되었으며, 김집·송준길·송시열을 추가로 모셨다. 고종 8년(1871)에 흥선 대원군의 서원 철폐령에도 남아 보존된 47개의 서원 중 하나이고, 2019년 유네스코가 지정한 서원 세계문화 유산 9곳 가운데 하나이다.
2) 산앙루는 돈암서원에 딸린 누각이다.
3) 송옹은 송시열을 가리킨다. 송시열이 「돈암서원기」를 지었으며, 이를 비석에 새겨 돈암서원 경내의 양성당 앞에 세웠다.
4) 사계는 김장생의 호이다. 김장생(金長生, 1548~1631)은 조선 중기의 학자·문신으로

돈암서원 산양루

본관이 광산(光山)이고 자는 희원(希元)이며 호는 사계(沙溪)이고, 시호는 문원(文元)이다. 그는 학문적으로 송익필·이이·성혼 등의 영향을 함께 받았으나, 송익필의 영향이 가장 커서 예학을 깊이 연구해 아들 김집에게 계승시켜 조선 예학의 태두로 예학파의 한 주류를 형성하였다. 저서로는 『상례비요(喪禮備要)』, 『근사록석의(近思錄釋疑)』, 시문집을 모은 『사계선생전서(沙溪先生全書)』 등이 전한다.

5) 신독재는 사계 김장생의 2째 아들인 김집(金集)의 호이다. 김집(1574~1656)은 조선후기 문신으로 본관이 광산이고 자는 사강(士剛)이며 호는 신독재(愼獨齋)이고 시호는 문경(文敬)이다. 저서로는 『신독재문집(愼獨齋文集)』이 있고, 편저로는 『의례문해속(疑禮問解續)』이 있다.

6) 우암은 송시열의 호이다. 송시열(宋時烈, 1607~1689)은 조선 후기의 문신·학자로 본관이 은진(恩津)이고 자는 보(英甫)이며 호는 우암(尤庵)·화양동주(華陽洞主)이고 시호 문정(文正)이다. 주요 저서로는 『송자대전』 등이 있다.

7) 동춘당은 송준길의 호이다. 송준길(宋浚吉, 1606~1672)은 조선후기 문신·학자로 본관이 은진(恩津)이고 자가 명보(明甫)이며 호는 동춘당(同春堂)이며 시호는 문정(文正)이다. 저서로 『어록해(語錄解)』, 『동춘당집(同春堂集)』이 있다.

환자還子쌀을 나눠주며

서리처럼 머리 센 병천역의 여인네
쌀을 겹겹이 싸서 넣고 베 포대를 묶었네.
꿇어 앉아 애걸하며 "성환의 환자쌀 배급 날
못 받은 너 말도 마저 받게 하여 주오."

> 병천[1]은 역명이고 성환[2]에 속한다. 내가 강창에 앉아 있는데, 나이가 한 50쯤 되어 보이는 한 늙은 아낙네가 남루한 옷을 입고 와서 하소연하였다. 보기에 측은하였다.

屛川驛婦鬢如霜, 米裹重重縛布囊.
跪乞成歡分餉日, 未收四斜趁期當.

> 屛川驛名 屬成歡. 余坐江倉, 見一老婦年過半百, 衣襤褸來訴. 見之惻然.

---

1) 병천역은 지금의 충남 논산시 부적면 반송리 일원에 있던 역이다.
2) 성환(成歡)은 지금의 충청남도 논산시 부적면 탑정리 일원으로 지금도 성환, 또는 성안이라고 부른다.

노성현감 이종직의 편지를 받고

노성¹⁾의 새로 온 현감 손수 편지를 보내
친구의 병든 몸 어떠한지를 물었네.
남쪽에 와서 또 늘 이웃으로 있으니 기쁘고
외려 한양²⁾에서 강 건너편 살던 때 생각나네.

  노성현감 이종직³⁾은 북산⁴⁾의 이웃 고을 사람으로 새로 부임하여 나에게 편지를 보냈다.

曲阜使君手字書, 故人病體訊何如.
南來又喜長隣近, 却憶淸都隔水居.

  魯城李倅鍾稷 是北山隣曲 新莅有書.

---

1) 노성(魯城)은 연산의 이웃 고을로 공자가 살았던 노(魯)나라에서 이름을 따서 지은 곳이다. 곡부(曲阜)는 공자가 살았던 곳이므로 노성을 곡부라고 표현한 것이다. 지금도 이곳에는 공자를 제향하는 궐리사(闕里祠)가 남아있다.
2) 원문의 청도(淸都)는 천제(天帝)가 사는 곳으로 하늘나라를 의미하나, 이 시에서는 임금이 사는 곳, 즉 한양을 말한다.
3) 이종직(李鍾稷)은 본관이 전주라는 것 외에는 자세한 이력을 알 수 없고, 다만 『승정원일기』에 음직으로 장릉령(章陵令)에 제수되었다는 기록만 나온다.
4) 원문의 북산(北山)은 한양에 있는 북한산으로 한양을 말한다.

원재명을 애도하며

육관각[1] 뜰 안에 이슬비 내리던 날
이가정[2] 동쪽에는 눈썹달이 떴지
풍채 좋은 풍류남아 이제는 볼 수 없어
상자 속에 남은 것은 다만 그대 추도시 뿐

> 시랑인 원재명[3]은 호가 지정芝汀이고 자는 유량孺良인데 병자년(1816) 겨울에 세상을 떠났다. 육관각은 맹원[4]에 있는 나의 옛집이고, 이가정은 지정의 한강 가 별장이다.

六觀閣裏雨如絲, 二可亭東月似眉.
文彩風流今不見, 篋中唯有哭君詩.

> 芝汀元侍郞在明孺良 以丙子冬長逝. 六觀余孟園舊第 二可芝汀江莊.

---

1) 육관각은 작자인 김려의 서울집 택호이다.
2) 이가정은 원재명의 서울 한강가에 있는 별장이다.
3) 원재명(元在明, 1763~1817)은 조선후기 문신으로 본관이 원주(原州)이고 자가 유량(孺良)이며 호는 지정(芝汀)이다. 아버지는 우의정 원인손(元仁孫)이고, 어머니는 남유상(南有常)의 딸이다. 1790년(정조 14) 사마시에 합격한 뒤 사복시주부(司僕寺主簿)를 역임하다가, 1801년(순조 1) 증광문과에 급제하여 여러 관직을 역임하고 벼슬이 호조참판에 이르렀다.
4) 맹원(孟園)은 한양 가회방(嘉會坊, 지금의 서울시 종로구 가회동) 북쪽에 있던 높은 고개인 맹현을 말한다.

밭둑 쌓는 것을 감독하며

지난여름 장맛비에 냇둑이 무너져서
물줄기 끊기고 골 바닥이 높아졌네.
남녀가 떼를 지어 바지게에 삽 들고
온종일 농가에선 밭둑 쌓기 바쁘구나.

　두 해 연거푸 홍수가 났는데 예전에는 보지 못한 물난리였다. 둑과 방죽의 보와 도랑이 높고 낮은 것 할 것 없이 모두 내가 되어 버렸다.

前夏霪霖岸善崩, 湠流斷盡谷爲陵.
男畚女锸成羣去, 鎭日農家築畠騰.
　兩年雨水 振古所罕. 堤堰防築 湠深溝澮 高燥衍濕 無不成川.

신행新行가는 새색시[1]

궁궁이[1] 향기 푸른 장옷에 진동하고
언덕길 오르는 말 마치 날아가는 듯
겉대로 엮은 상자 붉은 보에 싸가지고
신혼의 새색시 시어머니 뵈러 가나봐

> 무내미역참[2] 길에서 어여쁘게 꾸미고 말을 타고 가는 한 여인을 만났다. 짐바리 속에 태양을 수놓은 붉은 비단 보자기에 싼 오색 대껍질로 만든 상자가 보였다.

芎藭香動綠長衣, 快馬平原健似飛.
皮竹箱子紅袱裏, 新婚閣氏現姑歸.

> 水踰站路上 見一女妖嬈騎馬而去. 卜駄中 見日紋紅錦袱 五色皮竹箱子.

---

1) 『대동시선』에는 〈길에서 말 탄 여자를 봄(路見騎馬女娘)〉이라고 제목이 붙어 있다.
1) 궁궁이(Angelica polymorpha)는 우리나라 전국의 산골짜기 하천변에 자라는 식물로 지방에서는 '도랑대'라고도 부르고, 또는 '천궁'이라고도 하는데, 실제 약초로 재배하는 '천궁'과는 다른 식물로 지방명이고, 이른 봄 연한 잎과 어린순을 데쳐 나물로 먹거나 생채 쌈으로 먹으며, 더러는 데쳐서 전을 부쳐 먹기도 한다.
2) 무내미역은 지금의 충남 공주시 계룡면 기산리 널재(板峙)를 말한다. 정감록에 의하면 금강물이 이곳을 통해 초포(草浦, 지금의 충남 논산시 광석면 항월리)로 흘러서 배가 드나들면 도읍이 신도안으로 옮겨진다고 하였다.

들밥 내가는 소녀

늙은 삽살개 앞서고 흰 삽살개 뒤따르며
젊은 처녀아이 나이는 열대여섯 남짓
땋은 갈래머리에 대 광주리 이고서
아버지 점심 시장할세라 바삐 내달리네.

 길가에서 나이가 열대여섯 살쯤 되어 보이는 무명 치마를 입고 신발을 신지 않은 채 머리에 광주리를 이고서 개울 건너 아버지를 부르는 한 소녀를 보았다.

蒼獵前行白獵隨, 少娘年紀破瓜時.
丫頭戴着圓簞去, 忙趁阿爹午饁飢.
 路見一女子年可十五六 布裙赤脚 頭戴一筐 隔溪呼爺.

봄날 베내마을 풍경

초가집 올망졸망 비늘처럼 잇대었고
에운 울타리는 개구멍이 숭숭하구나.
정겹구나! 삐딱하게 사립문 지친 곳에
복숭아 한 그루가 꽃을 활짝 피었네.

   이포[1]의 길가에는 농부들의 집 수십 채가 보이는데, 언덕 아래라 매우 조용하였다. 그 가운데 시냇가에 자리 잡은 한 집은 사립문이 허물어졌는데, 그 안에 한 그루 복숭아꽃이 한창 곱게 피어 있었다.

茅茨參差鱧鱗橫, 藩落周遭鹿眼成.
可愛柴荊斜壓處, 桃花一朶最分明.
   李浦[2]道上 見畎戶數十家 靠岸淨楚. 臨溪一屋柴扉破壞 中有一桃爛開.

---

1) 이포(李浦)는 지금의 충남 논산시 부적면 아호리와 신교리를 지나는 논산천에 있었던 포천원(布川院)의 포천(布川)의 '베내'를 '배내'로 알고 음차하여 '이포'라고 한듯하다. 이곳은 공주에서 은진을 경유하는 옛날 중요한 도로의 역원이었다. 즉 초포원에서 포천을 통해 은진현으로 가는 길목이다. 지금도 그 지역을 '베내'라고 부른다.
2) 李浦(이포)는 梨浦(이포)의 오기(誤記)이다.

조리돌림

집도 부유하고 아들도 많아 쉴 만도 하고
오래도록 이방생활로 머리도 다 세었네.
무엇이 부족해서 못된 계교 꾸미다가
스스로 50여 고을[1] 조리돌림 당하나

 노성의 아전 이덕승은 나이가 70살이 넘었는데, 이방의 자리를 빼앗으려고 익명의 투서로 남을 모함하다가 사실이 발각되어 감영의 지시로 조리돌림의 형벌을 당하였다.

家富男多訖可休, 曾經首吏雪盈頭.
如何却做無良計, 自取輪刑五十州.
 魯城吏李德昇年七十餘 圖奪房任 匿名呈狀 事覺 營關輪刑.

---

1) 50여 고을 : 충청도 전역을 말한다. 충청도는 공주목, 홍주목, 청주목, 충주목 등 4목의 아래에 50군현이 있었다.

관찰사를 찾아뵈며

공장公狀[1]을 올리며 공손히 두 손은 맞잡고
협문을 총총히 나가며 옷자락을 단정히 하네.
지동통인[2]이 줄을 나누어 세우는데
책상머리에서 예절 격식[3]이 근엄하네.

　　수령의 현알現謁[4]의 예수절목이 매우 번거로웠다. 지동통인은 곧 행수지인이다.

公狀呈來兩手箝, 夾門趨進整衣襜.
紙童通引分行立, 書案前頭禮數嚴.
　　守令現謁禮數節目甚繁. 紙童通引 卽行首知印.

---

1) 원문의 공장(公狀)은 수령·찰방이 감사, 병사, 수사 등에게 공식으로 만날 때에 관직명을 적어서 내는 문서를 말한다.
2) 지동통인은 통인의 우두머리로 행수통인이라고 했으며, 관아의 관장 앞에 딸리어 잔심부름하던 이속이다.
3) 원문의 예수(禮數)는 사람의 명예와 지위에 상당한 예의로 신분과 계급에 따라 예우를 달리하였다.
4) 현알(現謁)은 하급자가 상급자를 찾아뵙는 것을 말한다.

할머니의 손자 사랑

포구의 어부 집 탱자나무 울타리에
찢어진 어망을 아침 햇볕에 말리네.
늙은 할미 땅에 앉아 화롯불 불어가며
절인 청어를 구어서 젖먹이에게 먹이네.

　논산의 창고 마당가에 무너져가는 초가집에서 한 할머니가 땅바닥
　에 놓인 화롯불을 불며 청어를 구어 아이에게 먹이는 것이 보였다.
　아이의 나이는 겨우 세 살쯤 되어 보였다.

浦口漁家棘揷籬, 破魚網子曬朝曦.
嬴婆地坐吹爐火, 煨着塩鯖哺乳兒.
　論倉塲邊 見敗茅屋中 一老婆吹地爐火 燒鯖哺兒. 兒纔三歲許.

기다리던 단비

먹장구름 뭉게뭉게 하늘을 뒤 덮더니
이슬비가 보슬보슬 새벽까지 내렸네.
한 보습[1] 채 안되어도 풀뿌리는 적셨으니
보리 싹 기쁜 듯이 사람 향해 푸릇푸릇하네.

 지난 겨울(1817)에는 눈이 내리지 않았고 올봄(1818)에도 비가 오지 않아 사람들이 걱정스러워했는데, 초나흘 밤에 비로소 비가 내렸다. 겨우 애벌김을 끝낸 사방 들판이 일시에 푸르러 갔다.

頑雲潑墨黝冥冥, 靈雨廉纖曉旣零.
未滿一犁菱遍濕, 麰芽歡喜向人靑.
 前冬無雪 今春無雨 民情騷擾 初四日夜始雨. 纔過一鋤 四野田畠 一時向靑.

---

1) 보습은 따비나 쟁기, 극쟁이 등의 술바닥에 맞추는 삽 모양의 연장으로 이선(犁先)이라고도 한다. 땅을 갈아서 흙덩이를 일으키는 일을 하는데 사용한다.

부인사夫人祠 신 내림굿

눈처럼 하얀 피부, 촌 무당 옥색 옷으로
버들 같은 가는 허리 억지로 한 번 감싸고
푸른 비단 장삼에 붉은색 분 화장하고
부인사[1] 안에서 신 내림굿 하고 돌아가네.

> 고려의 태조가 견훤을 정벌할 때, 어떤 한 노파가 해몽을 잘해서 조영부인으로 봉해졌다. 이 사실은 읍지에 기록되어 있고 부인의 사당은 제전리[2]에 있다.

野巫頹貌雪膚肥, 柳樣纖腰強一圍.
綠錦長衫紅粉套, 夫人祠裏降神歸.

> 麗祖征甄萱時 有一媼善解夢 封爲夫人. 事載邑誌 夫人廟在癸[3]田里.

---

1) 부인사는 고려 건국초기 무당인 조영부인을 모신 사당으로 충남 논산시 부적면 부인 2리[지벌]에 현재도 현존하고 있고, 매년 음력 정월 열나흘 밤 자시(子時)에 느티나무 아래에 있는 부인당에서 제를 지낸다.
2) 제전리는 지금의 충남 논산시 부적면 부인리 2구 지벌마을을 말한다.
3) '癸(계)'자는 '祭(제)'자의 오식(誤植)이다.

새벽 눈

습한 바람 우수수 불어 비 기운이 짙어지고
등불을 켜니 정적 속에 종소리가 들리네.
새벽에 일어난 아이들 왁자지껄 떠드는 말
만 그루에 배꽃피고 흰 구슬이 널려있다 하네.

　　어젯밤은 새벽에 이르도록 한숨도 못 잤다. 사방 벽이 매우 추웠고
　　날씨가 매우 좋지 않았다. 새벽에 일어나 방문을 여니 앞산에 눈이
　　하얗게 쌓여 있었다.

風意瀟瀟雨意濃, 懸燈聞寂度寒鍾.
兒童曉起渾驚叫, 萬樹梨花碾瑞凇.
　　昨夜達宵無寐. 四壁凄爽 氣頗不佳. 曉起開 雪滿前山.

연산 장날 아침풍정

은하수 기울고 북두칠성도 낮아지자
꼬꼬댁 꼬꼬 새벽닭 홰를 치고 우네.
알겠구나! 내일 아침이면 고을 장날
서쪽 감나무 아래에서 떡메소리 들리네.

   연산의 관아 서쪽 담장 너머에 큰 감나무가 있고, 주위에 거주하는 사람들은 모두 가난한 백성들로 읍내장에 가서 날마다 떡메를 치는 것을 직업으로 삼았다.

銀河斜流斗柄低, 膠膠角亥鷄嘶.
料知縣市明朝是, 礧餠聲來柿樹西.
  縣衙西墻外 有大柿樹 環西居者皆貧戶 趁邑場 日以打餠爲業.

늦봄에 내린 눈

날씨가 고르고 따스한 봄철 돌아오니
온갖 생물들 봄기운을 받아 새 삶을 즐기네.
지난 밤 매서운 바람에 온천지가 얼어버렸으니
봄눈초차도 어찌하여 이 같은 재앙을 빚어내는가?

   청명이 지난지도 5~6일이 지났으나 갑자기 세차게 온 하늘에서 큰 눈이 내리고, 이어서 계란만한 우박이 내렸다. 그리고 바람에 정원의 꽃가지가 부러지고 모두 얼어서 검어졌다.

玉燭調元泰運回, 羣生涵育樂熙哉.
嚴風一夜凝成凍, 春雪如何反釀災.
   淸明後五六日 忽滾下一天大雪 繼以飛雹如卵. 故風折園花 皆凍黯.

사계천의 버드나무

십리 긴 관동리[1]제방에 물이 돌아 흐르고
냇둑의 버들은 천 그루인가, 만 그루인가?
본디 왕유[2]의 망천장도 별천지가 아니었건만
분명 이곳은 한 폭의 망천도[3]라 할 만하네.

   관아의 밖은 모두 마을 집들이고 마을 밖에는 시냇가를 따라 위아래
로 모두 늙은 버드나무들이 길게 10리나 늘어서 있다.

官堤十里水縈紆, 楊柳千株復萬株.
自是輞川非別界, 分明一幅右丞圖.
   衙門外皆閭閻 閭閻之外沿溪上下 皆禿楊老柳 長亘十里.

---

1) 충청남도 논산시 연산면 관동리 일원으로 동쪽에서 서쪽으로 연산천[사계천]이 흐른다.
2) 왕유(王維, 699?~759)는 중국 당(唐)의 시인이자 화가로서 자연을 소재로 한 서정시에 뛰어나 '시불(詩佛)'이라고 불리며, 수묵(水墨) 산수화에도 뛰어나 남종문인화의 창시자로 평가를 받는다. 시집으로『왕우승집(王右丞集)』이 있고, 그림으로 〈창주도(滄州圖)〉, 〈망천도(輞川圖)〉 등이 널리 알려져 있다.
3) 망천도(輞川圖)는 중국 성당(盛唐)의 시인 왕유(王維)의 망천장(輞川莊)과 주변의 자연을 그린 그림이다. 망천은 장안 근처의 남전(藍田, 산시성)에 있는 넓은 계곡으로, 왕유는 초당의 궁정시인 송지문(宋之問)의 별서(別墅)를 입수해서 여기에 망천장을 세웠다.

관아의 일상

깊숙한 처마 밑에 새 새끼 지저귀고
울타리는 엉성해도 미친개를 막는다네.
아전들 퇴근하면 찾아오는 사람 없어
뜰 안의 꽃들만 일시에 돋아나는구나.

> 동헌은 북향인데 처마가 낮아서 바람이 들어오기에 솔가지로 처마를 덮었으며, 또 담장도 온통 무너졌기에 하인들을 시켜서 싸리를 베어다가 울타리를 만들었다.

簷深秖敎乳禽鳴, 藩缺猶防瘈犬行.
吏退官閒人不到, 滿庭芳草一時生.
 東軒北向 簷短受風 架松爲假簷 墻垣一幷頹圯 課官隷斫柴爲籬.

꿈속에서 본 부령

지난 밤 꿈속에서 옛일이 생생한데
수장루 아래 들꽃 핀 봄 한창이었네.
4천리 밖 호남 땅 남쪽 나그네는[1]
30년 전에는 영북[2] 사람이었다네.

부령의 북장대[3]에는 '산고수장루'라는 현판이 걸려있다. 내가 귀양을 가서 살 때, 그 누대에 오르기를 좋아했는데, 어젯밤 꿈에 문득 그곳에 이르렀다.

一夢今宵悟夙因, 水長樓下野花春.
四千里外湖南客, 三十年前嶺北人.

富寧北將臺牌額曰山高水長樓. 余謫居時 喜登臨此樓 昨夜夢 忽到其處.

---

1) 4천리 … 나그네는 : 작자인 김려가 1819년 호서(충청도)의 남쪽에 위치한 연산현 현감으로 근무하는 것을 말한다.
2) 영북(嶺北)은 마천령(摩天嶺) 북쪽 지방, 곧 함경남북도 지방을 이르는 말로 1797년 김려가 강이천 비어사건에 연루되어 유배를 간 부령을 말한다.
3) 북장대는 성곽의 북쪽에 설치한 전쟁 또는 군사훈련 시에 성내의 군사들을 지휘하기 위해 대장이 자리하는 누대(樓臺)이다. 보통 장대는 성 전체의 상황이 한 눈에 들어오는 장소에 위치하여 대장이 전황을 살펴보면서 임기응변할 수 있도록 하였다.

살구꽃 핀 앵산공원

된서리보다 얇지만 무서리보다 진하여
이슬 진 아침 안개 유별나게 반짝이네.
온통 산의 향기 바다 물결처럼 뒤덮어
공주사람들은 살구꽃 마을이라고 부르네.

   공주의 치소 동쪽 300여 미터 거리의 산 밑에 한 마을이 있는데, 전부 살구꽃이었다.

輕於淞雪重於霜, 濃滴朝霞別樣光.
罩了一山香似海, 州人叫做杏花莊.
   熊州州治東去數百武 依山一村 都是杏花.

호색한 공주통판 유인근

공주통판은 늙었어도 여전히 호기롭고
머리와 수염은 검고 새치가 드무네.
붉은 술동이 속에서 기력이 넘쳐나고
붉은 연지 무리[1]속에서 풍류를 자랑하네.

> 공주 목사 유인근[2]은 자가 사원士源인데, 나보다 네 살이나 더 먹었으나 근력이 세고 힘이 넘쳤다. 사원이 주색에 빠져 몸을 망쳤어도 이와 같으니 괴이하다.

熊州通判老尙豪, 顚髮烏鬚鮮白毛.
朱墨盆中生氣力, 紅臙叢裏詑風騷.
　公山宰柳侯仁根士源 長余四歲 筋力强壯. 士源傷於酒色者而能如此 可怪.

---

1) 붉은 연지 무리 : 붉은 색 연지와 곤지로 화장한 기생들을 말한다.
2) 유인근(柳仁根, 1762~?)은 조선후기 문신으로 본관이 전주이고 자(字)가 사원(士元)이며 참판 의(誼)의 아들이다. 음사(蔭仕)로 1807년(순조 7) 참봉(參奉)이 되었다가 1816년(순조 16) 은진현감을 거쳐 공주판관, 한산군수겸 공주진관병마절제사를 역임하였다.

관찰사를 뵙고

오늘밤 사례私禮[1]위해 만날 약속하고
천익天翼에 오화烏靴, 평상복 차림[2]
지인知印[3]이 친히 와서 방백의 말을 전하는데
시나브로 달빛 흐르고 푸른 빛 사롱 그림자 지네.

    관찰사가 사례私禮를 하기 위해 수령들을 보자고 하였다. 평복은 곧 명주 갓, 패영貝纓,[4] 청저青苧,[5] 천익天翼, 남수藍綬[6] 광대廣帶,[7] 흑화黑靴 차림을 말한다.

今宵私禮約相逢, 天翼烏靴燕服容.
知印親來傳口訊, 碧紗籠影月溶溶.
    巡相以私禮見守令, 則所謂平服 即絲笠・貝纓・青苧・天翼・藍綬・廣帶・黑靴.

---

1) 사례(私禮)는 사사(私事)로이 차리는 인사(人事)를 말한다.
2) 천익(天翼) … 평상복 : 천익(天翼)은 무관공복의 하나. 당상관은 남색, 당하관은 홍색이다. 오화(烏靴)는 검은 색 가죽 신발이고, 연복(燕服)은 평상 시 입는 옷을 말한다.
3) 지인(知印)은 관인(官印)을 맡아서 관리하는 아전을 말한다.
4) 패영(貝纓)은 산호나 호박 등으로 장식한 갓끈을 말한다.
5) 청저(青苧)는 푸른 모시로 만든 무관의 옷을 말한다.
6) 남수(藍綬)는 남빛의 인끈을 말한다.
7) 광대(廣帶)는 조선시대에 구군복 차림을 할 때 전복 위에 두른 띠를 말한다.

공주 연초당 책방

농오[1]는 청빈한 삶 태연하게 즐기니
연초당은 마치 스님 사는 절간 같구나.
마당엔 살짝 흰 꽃이 핀 두 그루 살구나무
서가엔 누렇게 변한 책 몇 권뿐

　군박의 초명은 언인彦仁이고 자가 군복인데 서어(권상신)의 관객館客
　이었다. 연초당은 그가 운영하는 책방의 간판이다.

農塢淸貧樂自如, 燕超堂亦似僧居.
庭開淺白雙株杏, 案度渝黃數卷書.
　君博初名彦仁 字君復 客西漁所. 燕超堂 譬冊室扁額.

---

1) 농오는 정군박(鄭君博, ?~?)의 호이다. 그에 대한 자세한 이력은 알 수 없으나, 이 시의 저자인 김려가 그의 시집인『정농오시집(鄭農塢詩集)』의 서문을 써 주었다.

공북루拱北樓 술잔치

드높은 누각 아득히 창공에 맞닿아 있고
심엄하고 화려한 막사 촛불이 붉게 타오르네.
한 밤중 주악소리 들으며 별채로 돌아가는데
비단결 같은 금강에 활 같은 초승달이 떠있네.

 나는 아파서 네 고을의 원님들과 약속한 장소에 나갈 수가 없었다. 이날 관찰사와 금강에 배를 띄우고 놀다가 밤에 공북루[1]에서 술잔치를 했다.

危樓迢遞接蒼空, 繡幕深嚴蠟炬紅.
夜半笙歌歸別院, 錦江如錦月如弓.
 余以病不能赴四郡之約, 是日 與巡相泛舟錦江 夜讌拱北樓.

---

1) 공북루(拱北樓)는 충남 공주시 산성동에 있는 공산성의 북문의 누각으로 충청남도 유형문화재 제37호이다.

군사조련을 구경하며

청도기[1] 한 쌍 올리니 진문陣門이 열리고
북 치고 징 울리며 조련 차비 재촉하네.
전 부대 무장하고 준마에 걸터앉으니
전배비장 모습 정말 늠름하기 그지없네.

  순행비장[2]은 전배가 되는 것을 영광으로 여긴다. 선달 손인택[3]이 이번에는 전배비장이 되었다.

一雙淸道陣門開, 打鼓攂鉦次第催.
全副戎裝跨駿馬, 前陪裨將也雄哉.

  巡行裨將以前陪爲榮. 聞孫先達仁澤 今番爲前陪.

---

1) 청도기(淸道旗)는 조선시대에 행군할 때 앞에서 길을 치우는 데에 쓰던 군기(軍旗)이다. 파란색 사각기로 깃발에 '淸道(청도)'라는 글자가 쓰여 있으며 붉은색의 화염각이 달려 있다. 깃대 끝은 창인(槍刃)으로 되어 있으며, 영두(纓頭)와 주락(朱駱)이 달려 있다.
2) 순해비장은 조선시대 감사(監司), 유수(留守), 병사(兵使), 수사(水使) 등 지방 장관과 견외 사신(遣外使臣)을 수행하던 관원, 또는 조선시대 문무과에 급제하고 아직 벼슬에 나아가지 않은 사람을 말한다.
3) 손인택(孫仁澤)에 대한 자세한 이력은 알 수 없으나, 『승정원일기』〈순조 19년(1819) 8월 8일〉조에 오위장으로 임명된 기사가 있다.

관찰사 환송식

누선 선상에서 울리는 구슬픈 나팔소리
수놓은 좌독기[1]와 붉은 깃발 물에 비치네.
십여 리 모래 벌에 사람들이 빙 둘러섰는데
누선을 타고 순찰사가 강을 건너가시네.

> 관찰사가 떠날 때 남녀와 어린이들이 떼를 지어 나와서 구경하는 것이 감영의 풍속이 되어 해마다 봄과 가을에 모두 그러하였다고 한다.

樓船船上角聲悲, 繡纛紅幡照水湄.
十里平沙人似月, 兼巡察使渡江時.
　巡相發行時 男婦童穉成羣出觀 營下習俗 每歲春秋皆然云.

---

[1] 좌독기(坐纛旗)는 사명기(司命旗), 인기(認旗) 따위의 중요한 군기(軍旗)의 하나로 행진할 때는 주장(主將)의 뒤에 서고, 멈추는 때는 장대(將臺)의 앞 왼편에 선다. 검은 비단(緋緞) 바탕에 가장자리는 흰 비단(緋緞)으로 되어있다.

이초려李草廬의 집

구불구불 모랫길 강 따라 뻗어있고
여윈 나귀 꽃핀 강둑을 지나가네.
큰 띠 매고 높은 갓 쓰고 글소리 들리는 곳
초동들도 모두 이초려[1]의 집을 안다네.

초려 이유태의 봉사손인 이재원[2]은 자가 선장善長이다. 금강의 중호[3]에 살았는데, 곧 그곳은 초려의 옛집이다. 나와는 척분戚分[4]이 있어서 지나가던 길에 방문하였다.

迤邐沙路逐江斜, 嬾踏癯驢夾岸花.
博帶峨冠絃誦處, 樵童猶識草廬家.

李草廬惟泰祀孫在元善長. 居錦江之中湖 卽草廬舊墓. 余有戚分 歷路過訪.

---

1) 초려는 이유태의 호이다. 이유태(李惟泰, 1607~1684)는 조선후기 문신·학자로 본관이 경주이고 자는 태지(泰之)이며 호는 초려(草廬)이고 시호는 문헌(文憲)이다. 김집(金集)의 천거로 1634년 희릉참봉(禧陵參奉)으로 출사하여 벼슬이 동부승지에 이르렀다. 예학에 뛰어나 김집과 함께 『상례비요(喪禮備要)』, 『의례문해(疑禮問解)』 등을 교감(校勘)했으며, 저서로 『초려집』 26권이 전한다.
2) 이재원(李在元, ?~?)은 본관이 경주이고 자가 선장(善長)이며, 호서 산림 오현 중의 한 명인 이유태(李惟泰, 1607~1684)의 6대손으로 이유태의 연보를 지었다.
3) 지금의 충청남도 공주시 상왕동 일원이다.
4) 척분(戚分)은 성이 다른 친척으로 고종, 외종, 이종 등을 말한다.

명학제鳴鶴堤 낚시터

명학제 깊숙이 나무그늘 진 곳
복사꽃 흐르는 물에 쏘가리 떼 살졌구나.
푸른 이끼 낀 흰 바위, 어부들이 다니는 길
낚싯대 메고 돌아올 때 달빛이 옷에 가득

    명학제는 노성현의 치소 동쪽 10리 밖에 있는데 물고기가 매우 많이 잡힌다.

鳴鶴堤深樹影圍, 桃花浪漲鱖魚肥.
蒼苔白石漁樵路, 罷釣歸時月滿衣.
    鳴鶴堤在魯城縣治東十里 産魚族甚衆.

불탄 마을을 보고

바다 뒤집고 강물 솟구치듯 한 밤 내내 바람 불고
하늘 가로지르는 거센 불이 온산을 붉게 물들였네.
가련하구나, 물가를 따라 이어진 50여 채 집이여
창망하게 불에 타 재와 깨진 기와만 남았구나.

  3월 14일 큰 바람이 노성과 연산 사이에 불어 화재가 매우 혹심하게 나서 길가에 있는 한 마을 50여 집이 전부 불탔다.

轉海掀江一夜風, 竟天儻火暎山紅.
可憐半百沿溪戶, 焦土蒼茫瓦礫中.
  三月十四日大風 連·魯之間 火灾孔酷 路傍一村五十餘戶 全數被燒.

봉림동 유람 약속을 어기고

봄옷으로 갈아입을 때, 만나기로 한 약속
봉림[1]은 옛날부터 절경으로 소문난 곳
오늘 바로 유산遊山 계획을 깨버린다면
두 젊은 놈은 마魔가 꼈다며 정말 비웃겠지

   늦봄에 진잠현감 이목영[2]과 은진에 사는 상사 이기주[3]와 계룡산을
   유람할 것을 약속했으나 병이 심해져 가지 못했다.

春服成時與客期, 鳳林林壑昔聞奇.
從今斷罷尋山計, 二竪爲魔儘可嘻.
   季春 與鎭岑李侯牧榮 · 恩津李上舍沂柱 約遊鷄龍 病劇未果.

---

1) 봉림은 지금의 충남 계룡시 신도안면 일원이다. 계룡산 남쪽 자락으로 암용추, 숫용추 등이 있다.
2) 이목영(李牧榮, 1766~?)은 조선후기 문신으로 본관이 전주이고 자가 양지(養之)이며, 1807년(순조 7) 생원시에 합격하여 음직으로 현감을 역임했다.
3) 이기주(李沂柱, ?~?)는 본관이 전의(全義)이고, 아버지는 승지 이제만(李濟萬)이다. 자세한 이력은 알 수 없으나 음직으로 참봉(參奉)을 역임했다.

병석에서 주역周易을 읽다

주공을 꿈꾼 후 고풍古風이 무너지고[1]
7일이나 땅 속에 숨어 우레 치는 듯[2]
병들어 누워 괴로이[3] 잠깐 잠이 들어
나의 바람대로 친히 복희씨를 알현했네.

　병중이라 다만 주역 서너 장만 보다가 손에 책을 들고 문득 잠이 들었다.

周公夢後古風頹, 七日猶潛地底雷.
病枕涔涔時做睡, 爲要親見虙羲來.
　病中 只看周易數三葉手卷輒睡.

---

1) 주공을 … 무너지고 : 작자 자신이 쇠약해 진 것을 비유하여 말한 것이다. 공자가 자신의 쇠약해져서 더 이상 유가의 전통을 부식(扶植)시킬 수 없음을 한탄하며, "내가 너무도 쇠해졌나 보다. 내 꿈에 주공이 다시는 보이지않은 적이 오래되었도다. (『논어』「술이(述而)」, 甚矣 吾衰也 久矣 吾不復夢見周公)"라고 하였다. 고풍(古風)은 옛날의 풍속(風俗), 예스러운 모습, 한시(漢詩)의 한 가지 체(體), 옛날의 선풍(禪風)이나 종풍(宗風) 등의 의미가 있으나, 이 시에서는 유가(儒家)의 전통을 말한다.
2) 땅 속에 숨어 우레를 치는 듯 : 지저뢰(地底雷)는 순음(純陰)의 달인 10월을 지나 동지(冬至)가 되면 일양(一陽)이 시생(始生)하는 지뢰복괘(地雷復卦)를 이루게 되는데, 그 괘상(卦象)이 땅 밑에서 우레가 치는 것을 상징하고 있기 때문에 그렇게 말한 것이다.
3) 원문의 잠잠(涔涔)은 괴롭고 피로한 모양을 말한다. 이밖에 비가 많이 내리는 모양, 함빡 젖은 모양, 눈물, 땀 등이 쉴 새 없이 흐르는 모양, 번민하는 모양 등의 의미가 있다.

춘추春秋를 읽고 느낌을 적다

자식을 가르치는 데는 먼저 춘추[1] 가르쳐야 하리
의리의 삼엄함이 저 하늘의 별처럼 빛난다네.
삼강[2]이 땅에 떨어지지 않은 것은 누구의 힘인가?
부끄럽구나. 오늘날 사람들의 전형[3]에 어두운 것이

　　외성리[4]에 사는 김상읍[5]의 집에 『춘추주소』가 있어서, 전질을 빌려
　　보는데 판본이 매우 정밀했다.

教子當先教魯經, 森嚴義理炳如星.
三綱不墜伊誰力, 慙愧今人昧典型.
　外城金雅相揖家 有春秋註疏 借看全帙 板本甚精緻.

---

1) 원문의 노경(魯經)은 기원전 5세기 초에 공자가 지은 『춘추(春秋)』를 달리 일컫는 말로 『노사(魯史)』라도 한다.
2) 삼강(三綱)은 유교의 도덕에 있어서 근본이 되는 세 가지 강목으로 임금과 신하, 어버이와 자식, 남편과 아내 사이에 마땅히 지켜야 할 도리로서 곧 군위신강(君爲臣綱), 부위자강(父爲子綱), 부위부강(夫爲婦綱)이다.
3) 전형(典型)은 모범이 될 만한 본보기로서 스승이나 조상을 말한다.
4) 외성리는 지금의 충청남도 논산시 부적면에 있는 리이다. 북쪽으로는 연산천이 흐르고 있고, 외성산성이 있어 외잣, 외재 또는 외성이라 하였다.
5) 김상읍(金相揖, ?~?)은 본관이 광산이고, 찰방 김비(金棐)의 후손으로 1828년에 생원시에 합격하였다는 기록 외에는 자세한 이력을 알 수가 없다.

논어論語 읽는 소리를 듣고 느낌을 적다

평소의 행실은 인륜도덕¹⁾을 행하는 것
공자의 책²⁾ 속에는 성훈聖訓이 넘쳐나네.
책을 반쯤 읽었으나 무슨 사업을 했던가?
가련하구나. 당세의 조한왕이여³⁾

통인 송익문이 논어 3장을 읽는데, 그 소리가 낭랑하여 들을 만했다.

常行日用在倫常, 尼聖書中聖訓洋.
半部讀來何事業, 可憐當世趙韓王.
　知印宋益文讀論語第三卷 其聲琅然可愛.

---

1) 원문의 윤상(倫常)은 일상생활에서 항상 지켜야 하는 인륜 상의 도덕, 즉 삼강오륜을 가리킨다.
2) 공자의 책은 『논어』를 가리킨다.
3) 책을 … 조한왕이여 : 조보가 자신이 평생 사업으로 실천한 것은 『논어』를 반쯤 읽고 실천한 것에 불과하다는 말이고, 그가 만년에 총애를 잃고 지방관으로 전락했다가 후주(後周)를 배반하고 송나라 건국에 참여한 것은 의리를 저버린 것이라는 것이다. 조한왕(趙韓王)은 북송(北宋)의 재상을 역임한 조보(趙普, 922~992)를 말한다. 후주(後周) 조광윤(趙匡胤)의 막료로 송나라 개국을 도왔고, 이균(李筠)의 난 등을 평정하는데 기여하였으며, 재상이 되어 중앙집권의 강화와 재정의 안정에 기여하였으나 만년에는 점차 총애를 잃어 하양삼성절도사(河陽三城節度使)로 나갔다. 『학림옥로(鶴林玉露)』에, 송(宋)나라 초에 조보(趙普)가 재차 재상(宰相)이 되었는데, 그가 논어밖에 읽은 것이 없다고 말하는 사람이 있었다. 태종(太宗)이 그에게 사실이냐고 묻자, 조보가 "신은 실로 평생을 논어밖에 모르고 살아왔습니다. 지난날 그 반으로 태조를 도와 천하를 안정시켰고, 지금은 그 반으로 폐하를 도와 태평을 이룩하고자 합니다."라고 했다고 한다.

괴정리 필공筆工 최씨

관성管城[1]을 물에 씻으면 소봉素封[2]과 같고
다방면으로 베푼 은혜 다섯 수레가 넘치네.
다만 죽었어도 존심存心새기는 직설에 충분하고
붓 끝은 고상서古尙書[3]에 뒤지지 않네.

    괴정리에 붓을 만드는 최씨는 염소 털을 묶어서 붓을 잘 만들었다. 비록 심히 닳았어도 여전히 글씨를 쓸 수 있어서 다른 붓에 비하면 매우 좋다.

管城湯沐素封如, 惠施多方贅五車.
抵死存心饒直舌, 尖頭不讓古尙書.
    槐亭崔筆工善束羔毫. 雖甚禿 猶能作字 比他筆甚良.

---

1) 관성(管城)은 붓을 이르는 말이다. 중국 당(唐)나라 문인인 한유(韓愈)가 지은 『모영전(毛潁傳)』에서 붓을 '관성자'라고 한 이후 '관성'은 붓의 별칭이 되었다.
2) 소봉(素封)은 천자(天子)로부터 받은 봉토(封土)는 없으나 재산이 많아 제후와 비할만한 큰 부자를 말한다.
3) 고상서(古尙書)는 전서(篆書) 등 고자체(古字體) 쓴 상서를 말한다.

성삼문成三問 유허지

어찌 차마 말하랴. 을해년(1455)의 외로운 충심을[1]
노릉魯陵[2]의 가을비에 저녁 두견새 소리 슬프구나.
아직도 길손들은 여기 옛집을 알아보고
말에서 내려 성삼문 비석을 찾아보네.

매죽헌 성삼문[3]은 연산사람이다. 계전[4]에 유허지가 있고, 후인들이 비석[5]을 세웠다.

忍說孤忠乙亥時, 魯陵秋雨暮鵑悲.
行人尙識遺墟在, 下馬來尋謹甫碑.

成梅竹三問 是連山人. 癸田有遺墟 後人立碑.

---

1) 을해년의 외로운 충심을 : 성삼문이 1455년(을해년) 수양대군(세조)이 어린 조카인 단종을 위협하여 선위(禪位)를 강요할 때, 국새(國璽)를 끌어안고 통곡을 하며 충심을 드러낸 것을 말한다.
2) 노릉(魯陵)은 강원도 영월군 영월읍 영흥리 산133-1번지에 있는 단종의 무덤인 장릉(莊陵)의 별칭이다.
3) 성삼문(成三問, 1418~1456)은 조선전기 문신으로 사육신(死六臣)의 한 사람이다. 본관이 창녕(昌寧)이고 자는 근보(謹甫)이며 호는 매죽헌(梅竹軒)이고 시호는 충문(忠文)이다. 저서로『매죽헌집(梅竹軒集)』이 있다.
4) '癸田(계전)'은 작자의 오해이다. 이곳은 충청남도 논산시 부적면 충곡리 '한양말'이다.
5) 충청남도 논산시 부적면 충곡리에 있는 충곡서원에 조선 전기의 문신 성삼문(成三問, 1418~1456)을 추모하여 세운 유허비로 1695년에 건립되었다. 창녕성선생유허비(昌寧成先生遺墟碑)라고 쓰여 진 비문 좌우에 작은 글씨로 성삼문을 이곳에 배향하게 된 내력을 기록하였다. 송시열(宋時烈)이 짓고 김비(金棐)가 썼다. 또한 성삼문의 묘는 충남 논산시 가야곡면 양촌리에 있다.

동생 순정과 헤어지며

우리 삼형제는 한 이불을 덮고 자며 컸는데
늘그막에서 보니 순정[1]이 가장 애처롭구나.
어제 홀연히 와서 만나자마자 내일 떠나게 되니
차마 두 줄기 눈물을 걷잡을 수 없구나.

> 순정純亭이 아픈데도 찾아왔다가 바로 돌아갔다. 떠나보내려고 하니 쓸쓸함을 견딜 수 없었다.

三兄弟共一衾眠, 暮境純亭最可憐.
昨忽來看明忽去, 不堪雙涕暗潛然.
　純亭病中來見 旋卽發去. 去留之際 不勝悵然.

---

1) 순정은 작자 김려의 둘째 아우인 김황(金鎤)의 자이다. 김황(1797~1833)에 대한 자세한 이력은 알 수 없다.

김상읍의 선물

어떤 노비가 외성리 마을에서 찾아와서
병들어 누워있는 나를 은근히 위로하네.
가져온 두 마리 준치는 방금 잡은 듯
눈 붉고 비늘 곱고 지느러미가 옥빛이네.

  김상읍은 곧 사계의 서자인 찰방 김비[1]의 후손이다. 집안이 자못 부유하였으며 읍치인 외성마을[2]에 살았다. 학문에 힘쓰고 순박하고 부지런하여 사랑스러웠다.

有奴來自外城村, 一枕憨憨慰病魂.
兩隻鰣魚新釣得, 眼紅鱗具鬐如璊.

  金生相揖 卽沙溪庶子察訪棐之裔孫. 家頗饒 居邑之外城村. 力學醇勤可愛.

---

1) 김비(金棐, 1613~1699)는 조선후기 문신으로 본관이 광산(光山)이고 자가 사보(士輔)이며 호는 묵옹(黙翁)이다. 사계(沙溪) 김장생(金長生)의 서자(庶子)로 1651년(효종 2)에 진사가 된 뒤 1659년 참봉, 상서원직장, 광흥창 봉사, 이인찰방 등을 역임했으며, 돈암서원의 모태가 되는 양성당의 내력을 알 수 있는 『양성당제영』을 편집하였다.
2) 외성마을은 지금의 충남 논산시 부적면 외성리 일원이다.

청풍군수의 병문안

급창¹⁾과 관노가 달려와 아뢰기를
청풍부사가 찾아와 대문 안에 들어섰다고 하네.
헤어질 때 나눈 인사말이 온전히 꿈만 같은데
내 얼굴은 검푸르고 그대 귀밑머리는 새하얗구나.

　청풍군수가 내가 아프다는 소식을 듣고서 혼자 말을 타고 와서 문병하였다.

及唱官奴走報知, 淸風府使入門時.
別來人事渾如夢, 我貌黧黃子鬢絲.
　淸風使君聞余病報 單騎馳訪.

---

1) 급창(及唱)은 조선시대 군아에 속하여 원(員)의 명령을 간접으로 받아 큰 소리로 전달하는 일을 맡아보던 남자 종을 말한다.

허풍쟁이 진잠현감

진잠 현감이 이른 새벽, 편지를 건네주는데
경천[1]의 풍수를 온전히 펼쳐 놓은 듯
거미줄, 말발자국처럼 맥락이 교묘하고[2]
범이 앉고 용이 웅크리듯 결말이 원만하네.

　진잠 현감은 풍수지리에 밝아서 '경천은 평지룡平地龍[3]으로 노서하 전형老鼠下田形[4]이라고 하는데, 말이 매우 과장되었다.

岑倅淸晨擲手牋, 鏡川風水叙全篇.
蛛絲馬跡成形巧, 虎抱龍蹲結局圓.

　鎭岑倅曉堪輿言 鏡川之平地龍 有老鼠下田形 語甚夸大.

---

1) 경천은 지금의 충청남도 공주시 계룡면 경천리 일원으로 삼남대로의 주막이 있던 곳이다.
2) 거미줄 … 교묘하고 : 주사마적(蛛絲馬跡)은 행문(行文)이 은근하여 노골적으로 드러나지 않고, 거미가 줄을 뽑아내고, 말이 발자국을 남기듯이, 깊이 음미하여야 속뜻을 알게 됨을 이르는 말이다.
3) 평지룡(平地龍)은 낮은 산줄기나 구릉, 언덕을 말한다.
4) 노서하전(老鼠下田)은 늙은 쥐가 새끼를 데리고 밭으로 먹이를 찾아 내려오는 지형으로, 풍요롭고 자손이 번창하는 터라는 뜻이다.

상주목사가 파직되었다는 소식을 듣고

세상일이란 뜬구름 같아 기약할 수 없는데
갑자기 다둔 바둑판에서 수를 물리 듯 놀랍구나.
어찌 알리오. 호서에서 교체되었다는 편지를 받은 날
바로 대궐에서 파직시킨 것을 짐작하게 될 줄을

> 상주목사 유한식[1]은 자가 자범이며 나와 동년의 연우[2]이다. 편지를 주고받으며 서로의 안부를 물었는데, 편지가 도착한 날 듣자니, 어떤 사건으로 피나被拿되어서 파직되어 귀가했다고 한다.

世事浮雲不可期, 忽驚飜覆滿枰碁.
那知湖襜傳書日, 政是商衙罷職時.
> 尙州牧兪侯漢寔子範, 余同硏友也. 貽書相問 書到之日 聞以事被拿 罷歸.

---

1) 유한식(兪漢寔, 1761~?)은 조선후기 문신으로 본관이 기계(杞溪)이고 자가 자범(子範)이며, 1792년(정조 16) 진사시에 합격하여 음직으로 문의현감, 고양군수 등을 역임하였다.
2) 연우(硏友)는 대동한 사람을 높여 부르는 말로 편지에서 받는 이의 이름 밑에 붙여 쓰기도 한다. 장하(丈下), 시안(侍案)이라고도 한다.

심심한 단오날

단오날 하도 심심하여 하루가 일 년 같아
도리어 서울의 옛 풍속 그립구나.
어느 곳이 공을 차는 격구장이며
누구 집에서 비단 밧줄 메고 그네를 뛰는가?

  이 고을은 가난하고 궁벽한 고장이라 설날, 정월 대보름, 단오 등 명
  절날 음식과 놀이 등 삼한의 옛 풍속이 전혀 남아있지 않았다.

端陽日氣靜如年, 却憶京師舊俗傳.
幾處毬場爭蹴踘, 誰家絨索送鞦韆.
  本邑荒僻 於正朝上元端陽等俗節 飮食游戲 全無三韓遺俗.

무장태수의 선물

무장태수[1]는 신명[2]이 어그러짐 없어서
기러기 날아 온 아침부터 삿자리가 맑구나.
나의 서재[3]와 겨우 한 집 떨어진 이웃이라
인편을 통해 종이[4]를 보내왔네.

> 학사 임준상[5]은 서울의 옛 친구이다. 근래 호남의 무장현감이 되었는데, 인편으로 닥종이를 보내왔다. 종이가 최상품이었다.

茂長太守忒神明, 雁字朝來簟席淸.
憐我文房差少一, 倩人扶送楮先生.

> 任學士俊常 洛中舊要. 方爲湖南之茂長宰 因便送白楮. 楮是極品.

---

1) 지금의 전라북도 고창군 무장면 지역을 이른다.
2) 신명은 신령(神靈)스럽고 사리에 밝음을 의미한다.
3) 원문의 문방(文房)은 학자나 문필가들이 책을 쌓아 두고 글을 읽는 방을 이른다.
4) 원문의 저선생(楮先生)은 종이를 달리 이르는 말이다.
5) 임준상(任俊常, 1767~1822)은 조선후기 문신으로 본관이 풍천(豐川)이고 자가 택지(宅之)이며 아버지는 임희구(任希九)이고 어머니는 연안 이씨이다. 1795년(정조 19) 과거에 급제하여 가주서(假注書) 등 여러 벼슬을 역임했다.

여동생의 편지를 받고서

생질들과 오래도록 소식이 끊겼더니
갑자기 여동생의 편지를 전해왔네.
근친[1]하러 간다고 바로 떠나가니
병중에 서린 회포 흐느낌만 점점 더해가네.

나의 여동생의 남편인 이헌승[2] 공진과 그의 동생 헌증[3] 중효의 아들 병면[4]형제가 남쪽 관아(용담현)로 근친하는 길에 길을 바꾸어 나를 찾아왔다.

阿甥兄弟積違餘, 忽漫來傳舍妹書.
道是覲行旋別去, 病中懷緒霎增歔.

余妹友李憲承公幹[5]及其弟憲曾仲孝之子秉冕兄弟 南衙覲省之路 委道來見.

---

1) 원문의 근행(覲行)은 어버이를 뵈러 가거나 옴. 근친(覲親)하러 가거나 오는 것을 말한다.
2) 이헌승(李憲承, 1766~?)은 조선후기 문신으로 본관이 전주이고 자가 공진(公幹)이며 1801년(순조 1) 진사시에 합격하여 음직으로 벼슬이 현감에 이르렀다.
3) 이헌증(李憲曾)은 본관이 전주이고 자가 중효(仲孝)이나, 이외에 자세한 이력은 알 수가 없다.
4) 이병면(李秉冕, 1800~?)은 본관이 전주이고 자는 주보(周輔)이며 아버지는 이헌증(李憲曾)이고 1848년 생원시에 합격하였다. 그에 대한 자세한 이력은 알 수 없다.
5) '幹(간)'은 '縉(진)'의 오식(誤識)으로 보인다. 족보에는 '縉(진)'으로 기록되어 있다.

짜증나는 하루

게으르고 태만한 관리, 누가 나와 같으랴!
산처럼 쌓인 비방을 두리뭉실 처리하네.
번화한 고을의 태수가 도대체 무슨 이유로
누차 감영에 공문을 보내 억지로 병부를 송부했네.

> 고을에서 하는 예법에는 원래 겸관[1]이 정해져 있는데, 은진과 석성은 의례로 정해진 겸관이었다. 그런데도 은진현감 김상종[2] 덕옹이 감영에 청하여 인장과 병부[3]를 보내왔다.

懶慢爲吏孰似吾, 如山積謗任踈迂.
花城太守緣何事, 屢牒營門强送符.

> 邑例有示定兼官 恩津·石城是例乘. 而恩津倅金侯相種德翁 請于營 輸送印符.

---

1) 겸관(兼官)은 자신의 고유한 직책 외에 다른 관직을 겸임할 때의 관직을 이른다.
2) 김상종(金相種, 1770~?)은 본관이 광산이고 자가 덕옹(德翁)이며 아버지는 김열택(金悅澤)이고 음직으로 은진현감을 역임했다. 『승정원일기』〈순조 19년(1819) 11월 28일〉조에 급하게 집안의 우한으로 휴가를 청하고 결재가 나기 전에 떠났다고 하여 파면시켰다는 기사가 있다.(以公淸監司朴宗京狀啓 恩津縣監金相種 謂有家憂 急呈出狀 不待回題 徑先發行 有違格例 不得已罷黜事)
3) 인부(印符)는 인장(印章)과 병부(兵符)로 부임하는 지방관이나 수령에게 이것들을 주었는데, 인하여 임명장을 의미하기도 한다.

보고 싶은 큰딸

시집간 딸 얼굴을 본지도 벌써 7년 전
지금은 떠돌다가 잠시 홍천 땅에 살고 있네.
다정한 몇 장의 편지에 그리움이 더욱 간절하여
동으로 흘러가는 구름 바라보며 망연자실하네.

  나의 사위인 송일준[1]은 자가 평재이고, 은진의 명문집안 출신인데 집안이 가난하여 이리저리 떠돌다가 관동땅 홍천현에서 덕옹(德翁)[2]과 한 마을에 임시로 터를 잡고 살고 있다.

有女睽離已七年, 卽今流落古洪川.
多情數紙情還惘, 回首東雲但惘然.
  余女壻宋一準平哉 恩津世族 家貧流落 寓居關東之洪川縣 與德翁同里閈.

---

1) 송일준은 작자인 김려의 맏사위이다. 그의 자세한 이력은 알 수가 없다.
2) 덕옹(德翁)은 불쌍한 사람들에게 식량과 옷가지, 거처를 내주는 사람을 칭송하여 부르는 말이다.

닭장을 지으며

하인을 장에 보내 닭 한 쌍을 사다놓고
툇마루 서쪽에 울타리치고 홰를 매었네.
병들어 누운 이래 편안히 잠들기 어렵거니
이른 새벽 창가에서 네 울음소리 들으리라.

> 긴 밤 내내 잠을 못 이루어 새벽닭 울음소리가 그리웠다. 관노를 시켜서 암탉 한 마리와 수탉 한 마리를 사다가 영창의 동쪽에 닭장을 만들어 주게 하였다.

送奴向市買雙鷄, 織柵編堠立砌西.
病枕邇來眠未穩, 令渠趁曉近牎啼.

長夜無眠, 喜聞鷄聲. 使衙奴買雌雄二鷄, 設柵于牎東.

그리운 육홍진

방옹거사[1]는 8대 손자
그의 시조는 육구몽[2]선생
세상에 전하는 선대의 시구가 뛰어나
호남사람들 모두 선조부터 청문[3]이었다고 말하네.

  육씨는 장수의 명문가이다. 육홍진[4]은 호가 낭옹인데, 시를 잘 지어서 돌아가신 아버지로부터 많은 사랑을 받았다. 육홍진의 아들인 남수가 공의 편지를 가지고 나를 찾아왔다.

放翁居士有耳孫, 甫里先生是本源
傳世靑氈詩句好, 南人皆說古淸門

  陸氏 長水世族. 陸洪鎭號浪翁 以能詩見重先大人. 洪鎭子南秀 持公幹書來謁.

---

1) 방옹거사는 육유를 말한다. 육유(陸游, 1125~1210)은 중국 남송(南宋)의 대표적 항전 시인으로 자가 무관(務觀)이고 호는 방옹(放翁)이다. 저서로 『검남시고(劍南詩稿)』 등이 있다.
2) 육구몽(陸龜蒙, ?~881)은 중국 당나라 때의 시인으로 자는 노망(魯望), 호는 보리선생(甫里先生)·강호산인(江湖散人)·천수자(天隨子)이며 스스로를 부옹(涪翁)·어부(漁父)·강상장인(江上丈人) 등으로 비유하기도 했다.
3) 청문(淸門)은 청빈(淸貧)한 가문(家門)이나 가난한 집을 이르는 말이다. 이 시에서는 청빈한 가문이라는 뜻이다.
4) 육홍진(陸洪鎭, 1748~1810)은 본관이 옥천이고 자가 경초(景初)이며 호는 낭옹(浪翁)·문암(文巖)이고 문집으로 『문암집』이 있다.

동생의 편지를 기다리며

서원[1]이 주저하며 괴로이 말머리 돌렸고
눈 빠지게 애간장 끓이며 몇 날을 기다렸네.
처마 끝에 까치가 찾아와 반갑게 지저귀더니
비로소 서울에 잘 도착했다는 기별이 왔네.

> 서원犀園이 내가 아프다는 소식을 듣고 4월 10일 급히 달려와서 만나보고 곧바로 떠나갔는데, 5월 7일 하인과 말이 비로소 돌아와서 잘 도착했음을 알았다.

犀園回馬苦遲遲, 眼穿腸消待幾時.
簷角丁寧靈鵲語, 始知行李抵京師.
> 犀園聞余病報 以四月初十日 疾馳來見 旋卽發去 五月初七日 奴馬始回.

---

1) 서원(犀園)은 작자의 동생인 김선의 호이다.

계백장군 階伯將軍

계백장군 싸웠던 황산성 옛터
무너진 성과 보루만 강가에 널려있네.
몸은 죽었으나 이름이 사라지지 않았으니
공적[1]이 청사에 길이길이 전하리.

  백제 장군 계백[2]은 신라군과 황산벌에서 싸우다가 힘이 다하여 죽었다.

階伯將軍舊戰基, 壞城頹壘壓江湄.
公身可死名難死, 芳躅流傳竹史奇.
  百濟將軍堦伯 與新羅戰于黃山 力盡死之.

---

1) 원문의 방촉(芳躅)은 옛 사람의 훌륭한 행적을 말한다.
2) 계백(階伯, ?~660)은 삼국시대 백제의 황산벌전투에 참전한 장수로 계백(堦伯)이라고도 표기하기도 한다. 그는 660년 김유신(金庾信)과 소정방(蘇定方)의 5만여 나·당 연합군이 백제의 요충지인 탄현(炭峴)과 백강(白江)으로 진격해 오자, 결사대 5,000명을 뽑아 황산(黃山)벌에 나가 맞이하여 싸우다 죽었다.

숙진저수지 설화

잔물결 이는 금당을 숙진이라고 지었는데
연산사람들은 아직도 여랑[1]신이라고 말하네.
떠가는 조각구름에 정령이 희미한데
분명 직녀가 은하수 건너는 것을 지켜주리.

연산과 노성 사이에 매우 드넓은 방죽[2]이 하나 있다. 옛날 부잣집 딸이었던 숙진이라는 사람이 일찍 과부가 되었는데, 재산이 몇 만 금에 이르렀다. 천금을 기부하여 방죽을 쌓아서 방죽의 이름을 그의 이름으로 지었다.

激灔金塘字淑眞, 連人猶說女郞神.
行雲一片迷精爽, 應護天孫度漢津

連魯之間 有一堤甚廣瀾. 古有富女名淑眞早寡 家貲鉅萬. 捐千金築之堤因以名.

---

1) 여랑(女郞)은 사내 같은 기질과 재주가 있는 여자를 이른다.
2) 지금의 충청남도 논산시 상월면 숙진리에 있는 수정골 저수지를 말한다.

논산포구의 불량배

논산창 포구의 물길 구름에 맞닿고
산언덕 끊긴 곳에서 바다와 갈리네.
창고 아래 사는 놈들은 모두 불량배
목로에서 온종일 기생에게 취해있네.

  연산의 해창海倉은 논산포구에 있다. 논산은 은진현에 속해있는 바닷가의 한 도회지이다.

論倉浦口水連雲, 岡勢初斷海勢分.
倉底居生游宕子, 壚頭盡日醉紅裙.
  本邑海倉在論山浦口. 論山屬恩津 海上一都會.

신도안의 전설

그 당시 인조의 수레가 지나가니[1]
계룡산엔 서기가 짙게 감돌았다네.
드넓은 바다 고래를 평정한 뒤라[2]
한 곡조 군악[3]을 마을 색시들이 부르네.

속전俗傳에 목장왕[4]이 갑자년에 공주를 유람하고 신도안에서 머물렀다고 한다. 계룡산은 연산의 읍치에서 27리쯤 되고 태조가 길하다고 여겨 왕도로 정했었다.

穆廟當年翠華過, 鷄龍佳氣鬱蔥多.
長鯨淮海平夷後, 一曲鐃歌唱里娥.
　俗傳穆莊王 甲子遊于公州 駐蹕於新都云. 鷄龍距邑二十七里 太祖
　卜吉定基.

---

1) 그 당시 … 지나가니 : 1624년 이괄의 난으로 인조가 공주로 몽진(蒙塵, 피난)한 것을 말한다.
2) 드넓은 … 뒤라 : 이괄의 난을 평정한 것을 말한다. 회해(淮海)는 강해(江海) 혹은 호해(湖海)와 같은 뜻으로서 드넓은 바다를 말하며, 장경(長鯨)은 큰 고래라는 뜻으로 이괄과 같은 적을 비유하는 말이다.
3) 한 곡조 군악 : 요가(鐃歌)는 한나라 때 고취곡의 일종으로 무곡(武曲)이다.
4) 목장왕(穆莊王)은 중국 주(周)나라 5대 임금인 목왕(穆王)인 듯하나 자세히는 알 수 없다.

신도안 암·수 용추

눈을 뿜는 쌍용 좌우에 못을 이루고
붉은 구멍, 푸른 비탈 둘이 겹쳐 보이네.
귀신들이 지키는 금성탕지로 험하니
누가 하느님이 심혈을 쏟은 줄 알겠는가?

> 계룡산 아래에는 두 골짜기가 있다. 골짜기 안에는 큰 웅덩이가 있는데 오른쪽을 숫용추라고 하고 왼쪽을 암용추라고 부른다. 모두 잠연이라고 이름 붙였다.

噴雪雙龍左右潭, 頳嵌翠磴共陵臨.
神慳鬼護金湯險, 誰識天公積費心.

　鷄龍之下有二谷. 谷有大湫 右曰雄龍 左曰雌龍. 總名潛淵.

봄날 현청縣廳의 일상

현청이 적막하여 마치 선방禪房 같고
꽃 그림자 늘어지고 버들 그림자 듬성듬성
봄이 깊어가고 해 길어도 할 일이 없으니
밝은 창가에서 옛사람 책이나 뒤적이네.

> 이 고을은 여름에서 가을로 넘어가는 기간에는 업무가 별로 없어서 마치 능참봉 시절[1]과 같았다. 그래서 책을 뒤적이며 긴 해를 보냈다.

齋居幽寂似禪居, 花影參差柳影踈.
日永春深無一事, 晴窓點檢故人書.
　本邑 夏秋之間 邑務甚簡 恰似寢郞時. 特緰閱文字 消遣永日.

---

1) 능참봉 시절 : 작자가 1806년 해배되어 분성[김해]에서 돌아온 후 김조순의 주선으로 1816년(순조 16) 정릉(靖陵) 참봉을 역임한 것을 말한다.

도솔산의 전설

도솔산 꼭대기에 다시 성을 쌓아 무엇하랴?
성인이 태어나면 세월 또한 태평하리
현감이 손수 심은 오동나무 무성해지고
아침 해 뜨고 봉황새 깃들어 울기를 기다리리

도솔산[1]은 고을 남쪽 15리에 있는데 오래된 성터가 있다. 견훤의 아들 신검이 금산의 절간에 견훤을 가두었다고 하는 곳이 바로 이 산이다.[2]

兜率高峯不復城, 聖人首出際時淸.
使君手種梧桐樹, 爲待朝陽瑞鳳鳴.

兜率山在縣南十五里 有古城基. 甄萱子神釼 幽萱于金山佛宇者 卽此山.

---

1) 도솔산은 지금의 충남 논산시 양촌면과 전북 완주군 운주면의 경계에 있는 산이다.
2) 이는 작가의 오해이다. 견훤은 935년 3월 신검에 의해 전라북도 김제에 있는 모악산 금산사에 유폐되었다가 6월에 막내아들 능예(能乂), 딸 쇠복(衰福), 첩 고비(姑比) 등과 함께 나주로 도망하여 왕건에게 항복하였다. 그 뒤 후백제가 망한 후 견훤은 우울증을 앓다가 연산(連山)의 불사(佛舍)에서 죽었고, 묘는 지금의 충청남도 논산시 연무읍에 있다.

모내기 독촉

5월도 중순에 이르니, 보리가 누렇게 익어가고
여기저기 논두렁에선 소 모는 소리 들리네.
견여를 타고 나가는 것은 소일거리 아니 것만
날마다 들에 나가 봇물소리 엿듣노라.

   나는 날마다 일이 한가한 틈을 타서 견여肩輿에 몸을 싣고 언덕길을
   두루 돌아다니며 농민들에게 농사일에 힘쓸 것을 권하였다.

五月中旬麥氣秋, 秧疇處處叱犗牛.
肩輿未必偸閒計, 每日來聽澮水流.
   余每日乘公務稍閒 肩輿出游 周覽隴坂 勸課農民.

고려태조 왕건王建

동화사 동남쪽 5리 밖에 군영을 치니
고려왕 태조의 위엄이 여전히 넘쳐났네.
삼한 세계 흠결 없는 금구[1] 만들어
좋이 견훤이 두 손으로 항복문서 올리게 하였네.

 공주와 연산의 경계에 고려 태조 왕건이 싸웠던 터가 있는데 동정이라고 불렀다.[2] 고려사에 이르기를 왕건이 병사를 거느리고 공산의 동수에서 견훤을 맞아 싸웠다고 한다.[3]

桐藪東南五里營, 麗王太祖尙威聲.
金甌無缺三韓界, 好敎甄萱斂手呈.

 公連接界 有麗祖戰基地名桐亭. 麗史云王擧兵邀萱於公山桐藪.

---

1) 금구(金甌)는 쇠나 금으로 만든 사발. 전(轉)하여 어떤 사물이나 국경이 매우 튼튼하고 단단한 것을 비유하는 말이다.
2) 공주와 … 불렀다.: 지금의 충남 논산시 광석면 왕전리 일원으로 지금도 이곳을 왕건이 진을 친 곳이라고 하여 '왕전리'라고 부른다. 왕건이 이곳에 진을 치고 후백제 신검과 일전(一戰)을 벌였다.
3) 동수(桐藪)는 동사(桐寺)로 불리던 지금의 경북 대구광역시 일원에 있는 팔공산 동화사를 가리킨다. 동화사는 견훤의 세력과 깊이 밀착되어 있던 진표율종(眞表律宗), 즉 백제계 법상종 사찰로 견훤을 지원하던 신라영토 안의 근거 세력이었다. 927년 9월 견훤은 서라벌로 쳐들어가 경애왕을 죽이고 재물을 약탈하자 왕건은 친히 병력을 거느리고 후백제군의 퇴로를 차단하였다. 이에 팔공산 남쪽 동수 입구에서 전투가 벌어졌으며 왕건은 대패하고 겨우 목숨만 건졌다.

아한정雅閑亭 옛터

연산의 산세 답답하게 구불구불 이어지고
드넓은 들판은 아득히 하늘에 맞닿았네.
서글프구나! 돈암의 바위 아래 오솔길에
아한정은 사라지고 두 연지만 남아있네.

> 아한정은 곧 최청강[1]의 별장이다. 사계[김장생]가 그 옛터에 집을 짓고 편액하기를 '양성당養性堂'[2]이라고 하였다. 팔경시[3]에 〈양지하화兩池荷花〉[4]가 있다.

連山山勢鬱蜷連, 野色平鋪極遠天.
惆悵遯嚴嚴下路, 雅閒亭廢兩池蓮.

> 雅閒亭 卽崔淸江別業, 沙溪得其故墟築室 扁曰養性. 其八景 有兩池荷花.

---

1) 최청강(崔淸江, ?~?)은 본관이 전주(全州)이고 호는 아한정(雅閒亭)이며 아버지는 최계(崔階)이다. 1438년 식년문과에 급제하여 사헌부장령으로 원종공신 3등에 책록되었고, 1460년 야인 토벌에 참여하였으며, 이후 별사금사금(別司禁司禁)으로 세조를 측근에서 호위하였다. 천안군사(川安郡事) 재직 중 '노모가 죽었을 때 상복을 입지도 않고 곧 바로 탈상하였다.'하여 공신록에서 삭제되고 진산군(珍山郡)의 관노로 충속되었다가 사면되어 외방종편(外方從便)에 처해졌다.

돈암서원 양성당

---

2) 양성당은 충청남도 논산시 연산면 임리에 있는 조선 중기 학자 김장생의 서재를 말한다. 김장생이 이이첨·정인홍 등 북인들이 정권을 잡고 스승인 성혼(成渾)을 핍박하고 서인들을 몰아내자 벼슬을 버리고 낙향하여 1602년 선조의 유촌이 남아있는 아한정 구지(舊址)에 새로 지은 정자이다. 이곳은 김장생 사후 돈암서원이 되었다.
3) 팔경시는 작자의 오해이다. 양성당 제영시는 십영(十詠)시이다. 「양성당 십영」시는 홍천경, 황혁, 장유, 양경우 등이 지었다.
4) 〈양지하화(兩池荷花)〉 시는 2편이 있다.
   황혁(黃赫, 1551~1612)이 1610년에 지은 〈양지하화〉 시의 내용은 다음과 같다.
   〈두 연못의 연꽃〉, 울안의 연못에 비가 새벽에 개니, 하얗고 붉은 연꽃이 위아래에 선명하네. 달빛이 가득한 밤하늘에 바람이 언 듯 부니, 푸른 잎 새엔 구슬 같은 이슬이 소리 없이 쏟아지네.(〈兩池荷花〉, 池塘一雨曉來晴, 白白紅紅上下明. 霽月滿空風乍起, 碧間珠露瀉無聲.).
   장유(張維, 1587~1638)가 1629년 지은 시는 아래와 같다.
   〈두 연못의 연꽃〉, 푸른 일산(日傘) 붉은 화장 요염하지 않은 정갈한 모습, 위아래 연못 맑은 물에 날리는 나긋나긋한 향기. 염계의 저택 속에 이 정경이 없었다면, 광풍제월도 문득 적막했으리라.(〈兩池荷花〉, 翠蓋紅粧淨不妖, 雙塘水白暖香飄. 濂溪宅裏如無此, 霽月光風便寂寥.)

창천蒼川의 버드나무 숲

만 그루 수양버들, 내 둑을 덮었는데
넘실넘실 바람 타고 느릿느릿 춤을 추네.
간질간질 어여쁜 자태 누굴 위해 멋 부리나
시 속에 흡사 의산[1]의 시가 있는 듯

> 읍치에서 20리쯤에 큰 시내가 있는데 그곳을 창천蒼川[2]이라고 한다. 시내를 따라 버들을 심어 서너 리쯤 이어져 있는데, 그곳을 '유정'이라고 한다. 내가 그곳에 있는 주막을 '만류점'이라고 하였다.

萬株垂柳繞堤奇, 漾日含風動影遲.
裊那娉婷何許者, 詩中恰似義山詩.
   邑治二息許 有大川名蒼川. 挾川種柳 連亘三里 名曰柳亭. 余名其店曰萬柳店.

---

1) 의산은 만당(晚唐)의 시인인 이상은의 호이다. 이상은(李商隱, 812~858)은 중국 당나라 말기 시인으로 자가 의산(義山)이고 호는 옥계생(玉谿生)이다. 그는 변려문의 명수이긴 하였으나 그의 시는 한(漢)·위(魏)·6조시(六朝詩)의 정수를 계승하였고, 당시에서는 두보(杜甫)를 배웠으며, 이하(李賀)의 상징적 기법을 사랑하였다. 또한 전고(典故)를 자주 인용, 풍려(豊麗)한 자구를 구사하여 당대 수사주의문학(修辭主義文學)의 극치를 보여주었다. 문집으로 『이의산시집(李義山詩集)』, 『번남문집(樊南文集)』이 있다.
2) 창천은 지금의 충남 논산시 가야곡면 종연리와 부적면 신풍리 경계에 있는 탑정저수지를 말한다.

개태사 무쇠 가마솥

영웅의 공렬[1]이 강산을 진동하더니
절간의 빈터마저 옛 모습 간데없구나.
다만 당시의 쇠 가마솥[2]만 남아있어
행인들을 백번이나 다시 뒤돌아보게 하네.

　개태사는 천호산에 있다. 옛날에는 고려 태조의 진영이 모셔진 전각이 있었는데 지금은 무너져 없어졌다. 다만 둘레가 여덟 길 높이가 한 길인 큰 솥 하나가 들판의 밭 가운데 있다.

英雄功烈震湖山, 聖刹遺墟泯舊顔.
秖有當時鋼鐵鑊, 行人指點百回看.
　開泰寺在天護山. 舊有麗祖眞殿 今癈. 只有一大鑊圍八丈高一丈 在野田中.

---

1) 영웅의 공렬은 왕건이 후백제군을 물리치고 고려를 세운 것을 말한다. 개태사는 고려 태조 왕건이 후삼국을 통일한 기념으로 지은 개국사찰이다.
2) 개태사철확(開泰寺鐵鑊)은 충청남도 논산시 연산면 천호리 개태사에 있는 고려시대의 무쇠 솥이다. 직경은 289cm이고 높이는 96cm이며 둘레는 910cm이다. 이 솥은 태조 왕건이 고려를 세우고 개국사찰로서 개태사를 창건하였을 때 주방에서 사용하던 것으로 전해지는 대형 철제 솥이다. 개태사가 한창 융성할 당시 장을 끓이던 솥이라고 하는데 이에는 많은 영이담이 전해지고 있다. 가뭄 때 사람들이 이를 끌어 다른 곳으로 옮기면 비가 온다고 하여 여러 곳을 옮겨 다녔으며, 1944년에 고철로 쓰려고 부수려 하자 갑자기 뇌성벽력이 쳐서 파괴를 모면하였다는 말도 전해진다.

기다리던 단비

가뭄 끝에 단비 내리자 농요소리 들리고
도랑물 졸졸졸 반 자 높이로 흐르네.
애벌김 억지로 맨 논에 밤비 내렸으니
필향제 서쪽에선 작은 배도 띄울 수 있으리

　필향제는 고을의 동북쪽 식한면[1]에 있는데 둘레가 760척이나 된다.

旱餘甘澍聽農謠, 溝水潺潺尺半高.
剛得一犁添夜潤, 筆香堤西可容舠.
　筆香堤 在縣東北食汗面 周回七百六十尺.

---

1)　식한면은 지금의 충청남도 계룡시 엄사면 향한리 일원이다.

돈암서원을 찾아가다

소나무, 삼나무 울창한 골짜기 바위 깨끗하고
사당을 공경히 바라보니, 되려 마음이 트이네.
우리나라 선비들 오례(五禮)[1]에 통달하니
크나 큰 은혜 베푼 두 분 선생[2]을 잊을 수 없네.

   돈암서원[3]은 현청의 서쪽 10리 밖 사계 구묘의 왼쪽 산기슭에 있다.
사계, 신독재, 우암, 동춘당 등 네 선생을 배향하고 있는데, 사계와
신독재는 부자 사이로 모두 예학에 밝았다.

松杉蒼欝谷嚴淸, 遺廟恭瞻却懺情.
東土儒冠通五禮, 洪恩難忘兩先生.

   遯巖書院 在縣西十里沙溪舊墓之左麓. 享沙愼尤春四先生 沙愼父
子 皆明禮學.

---

1) 오례(五禮)는 나라에서 행하는 5가지 의례(儀禮)이다. 대사(大祀)·중사(中祀)·소사(小祀) 등의 제사에 관한 길례(吉禮), 본국(本國) 및 이웃나라의 국상(國喪)이나 국장(國葬)에 관한 흉례(凶禮), 출정(出征) 및 반사(班師)에 관한 군례(軍禮), 국빈(國賓)을 맞이하고 보내는 빈례(賓禮), 즉위, 책봉, 국혼(國婚), 사연(賜宴), 노부(鹵簿) 등에 관한 가례(嘉禮) 등을 말한다.
2) 두 분 선생은 사계 김장생과 신독재 김집을 가리킨다.
3) 돈암서원은 충청남도 논산시 연산면 임리(林里)에 있다. 1634년(인조 12)에 건립하였고, 1659(효종 10)에 사액(賜額)을 받았다. 김장생(金長生), 김집(金集), 송준길(宋浚吉), 송시열(宋時烈) 등을 봉향하고 있다.

꿩 사냥을 구경하며

달리성 남쪽엔 어둑어둑 저녁노을 지고
고운사 언저리는 무성한 숲으로 둘렸네.
이웃의 소년들 허리춤에 동개를 차고
온종일 산과 들 누비며 꿩 잡아 돌아가네.

> 달리는 고려시대 큰 도적이다. 성은 대둔산에 있는데 사방이 모두 절벽이고 성안에는 수만 명의 군사가 주둔할 수 있다. 고운사[1]는 천호산에 있다.

達理城南夕照微, 孤雲寺畔茂林圍.
東家年少腰弓去, 鎭日山田射雉歸.
> 達理 高麗十賊. 城在人芚山 四面絶壁 中可容數萬兵. 孤雲寺在天護山.

---

1) 지금의 충청남도 논산시 벌곡면 양산리에 있는 절이다.

강호江湖를 꿈꾸다

내 평생 깊은 잠에서도 강호를 꿈꿨는데
학과 원숭이 벗 삼기를 아직도 꿈꾸네.
만 번 죽다 살아남은 귀신, 무슨 벼슬을 바라랴
다만 크나큰 임금 은혜 못잊어서 이곳에 머무노라.

> 내가 정사년(1797) 겨울에 함경도 경원으로 귀양 갔다가 다시 부령으로 옮겨졌다. 신유년(1801)에 의금부에 잡혀가서 모진 고문을 당하여 거의 죽게 되어 경상도 진해로 이배되었다. 병인년(1806)에 풀려나 돌아와서 임신년(1812)에 벼슬길에 나아갔다.

平生幽夢夢江湖, 誓鶴盟猿尙未渝.
萬死餘魂榮墨綬, 只緣鴻渥滯斯須.

> 余丁巳冬 竄慶源 旋移富寧. 辛酉 逮錦衣 榜掠幾死 配鎭海. 丙寅解歸 壬申筮仕.

그리운 한양 집

청산녹수가 만 겹으로 막혀있는
한양 백로원 서쪽이 바로 우리 집
상상컨대, 대문 밖 커다란 버드나무엔
주인 찾아오지 않으니 까치만 우짖으리.

> 나의 집은 삼청동 골목에 있는데, 감사인 맹만택[1]의 집과 마주하고 있다. 항간에서는 이곳을 '백로원'이라고 하고, 혹은 '맹공원'이라고 하며, 혹은 '승경현'이라고 한다.

青山綠水萬重遮, 白鷺園西是我家.
遙想門前喬柳樹, 主人不到但鳴鴉.

> 余家住三淸衕衕 與孟監司萬澤家相對. 俗名曰白鷺園 或曰孟公園 或曰勝景峴.

---

1) 맹만택(孟萬澤, 1660~1710)은 조선후기 문신으로 본관이 신창(新昌)이고 자가 시중(施中)이며, 좌의정 맹사성(孟思誠)의 후손으로 아버지는 승지 맹주서(孟冑瑞)이고, 어머니는 홍처심(洪處深)의 딸이며, 송시열(宋時烈)의 문인이다. 1698년 문과에 급제하여 여러 벼슬을 거쳐 대사간에 이르렀다. 글씨를 잘 썼는데 특히 안진경(顔眞卿)과 유공권(柳公權)체를 잘 썼다.

월은암을 찾아가다

지팡이 짚고 편안한 마음으로 절을 찾으니
석감당에 안치된 불상 마치 공자님 모습[1]인 듯
내가 찾은 곳은 다만 근심 걱정을 풀 수 있는 곳
기꺼이 백련결사한 원공 배우러 동림사를 향하네.[2]

    현청의 동쪽에 가파르게 솟은 한 봉우리 위에 한 암자가 있는데, 이름이 '현사'이다. 또 '월은암'이라고도 하며, 바위에 감실을 만들고 감실 안에 부처를 새겼다.

杖策祗尋祗樹園, 石龕安佛似龍蹲.
吾行只有消憂地, 肎向東林學白遠.

    縣治東 有一峯阤高 上有一巖寮 名曰縣寺. 又曰月隱庵 因石爲龕 因龕刻佛.

---

1) 공자님이 모습 : 원문의 용준(龍蹲)은 공자를 가리킨다. 『춘추연공도(春秋演孔圖)』에, "공자가 앉으면 걸터앉은 용 같고, 서 있으면 소를 끄는 것 같았다. (孔子坐如蹲龍 立如牽牛.)"라고 하였다.
2) 기꺼이 … 향하네 : 작자 자신이 현청 동쪽에 있는 월은암을 찾아가는 것을 말한다. 동림은 여산에 있는 동림사로 혜원이 거주했던 절이다. 백원(白遠)은 백련결사를 맺은 원공이라는 의미이다. 원공(遠公, 334~416)은 동진(東晉)의 정토종(淨土宗) 고승 혜원(慧遠)의 별칭이다. 그는 저명한 고승 도안(道安)의 후계자로 402년에 동료 123명과 함께 백련사(白蓮社)라는 정토 신앙 단체를 결성하여 정토법문(淨土法門)을 크게 진작시켜서 '정토종초조(淨土宗初祖)'로 일컬어졌다. 여산(廬山) 동림사(東林寺)에 거주했으며, 당시 사람들은 그를 '원공(遠公)'으로 일컬었다. 저서로 『무량수경의소(無量壽經義疏)』 등 많은 저서가 있다.

비 내리는 날의 일상

앵두가 붉게 익고 보리는 누렇게 영글고
감나무 잎 그늘지고 대추 잎은 성글성글
산비가 갑자기 내려 모진 더위 흩뜨리니
병석의 이 몸 바로 누워서 책보기가 좋구나.

   몹시 가물고 불같은 햇볕이 내려쪼여 높은 누각에 앉아 있어도 감옥 안에 있는 듯이 답답하더니, 문득 소나비가 퍼부어 더위를 쫓아 버렸다.

鷽桃紅熟麥黃初, 柿葉成陰棗葉疎.
山雨忽來衝暑散, 病衾正好臥看書.
   亢旱之餘 火日張傘 高閣軒檻 若住牢獄 忽驟雨暴注 衝破暑氣.

친구 정언학을 애도하다

내 평생 가장 사랑한 친구 정언학
남다른 재치에 고고한 풍모 번뜩였네.
괴이하게도 뜻도 이루기[1] 전에 머리가 하얗더니
재빠르게 다음 세상으로 쫓아갔구나.

> 정언학[2]의 자는 군박이고 호는 농오, 또는 벽비옹이라고 했으며, 시를 잘 지어서 일찍 세상에 알려졌다.

生平最愛鄭農翁, 絶世才情耿介風.
怪他蹭蹬頭已皓, 僾然追逐後生中.

君博號農塢 一號碧痞翁 以詞律早鳴于世.

---

1) 원문의 층등(蹭蹬)은 뜻을 이루지 못하다, 좌절하다, 실패하다 등의 의미이다.
2) 정언학(鄭彦學, ?~?)은 자가 군박(君博)이고 호가 농오(農塢)·벽비옹(碧痞翁)으로 시문에 능했으나 자세한 이력은 알 수가 없다. 그의 작품 가운데 유명한 시는 다음과 같다. 〈저물 무렵 채소밭을 둘러보다〉, 나의 삶은 늙은 농부를 흉내 내는 것, 뒷골목 달팽이 같은 좁은 집에 사네. 산비탈 아래에 돌계단을 쌓고, 땅을 빌려 무궁화 울타리를 쳤네. 반짝반짝 반딧불은 콩잎에 숨고, 지친 나비가 무꽃을 찾아드네. 뉘엿뉘엿 황혼이 밀려오는데, 무성한 숲속엔 달빛이 환하네.(〈薄暮巡園〉, 生涯學老圃, 深巷屋如蝸. 石砌因山築, 槿籬貰地遮. 踈螢沈荳葉, 老蝶戀菁花. 冉冉黃昏至, 幽林吐月華.)

나의 소망

창랑의 강가에 작은 고깃배 사서
차 마시고 거문고 켜며 술통을 벗하리라
여기에 좋은 책 서너 권 더한다면
분명 청복이 바로 나와 같은 사람 없으리.

나는 어린 시절[1]부터 일찍 금경禽慶과 상장尙長[2] 같은 인물이 되겠다는 포부를 갖고, 강가에 별장을 한 채 마련하고 작은 고깃배를 구입하여 물결 따라 오르락내리락하면서 일생을 마치고자 하였으나, 지금까지 이루지 못했다.

滄浪江上買魚艓, 茶竈琴牀伴酒缸.
添得佳書三四弓, 也應清福正無雙.

余自髫齓 夙抱禽·尙之志 願得一江莊 置小漁艇 隨波上下 以終一生 今不可得.

---

1) 원문의 초츤(髫齓)은 다박머리에 앞니를 갈 무렵의 어린아이란 뜻이다.
2) 금상(禽尙)은 후한 때 은사(隱士)인 금경(禽慶)과 상장(尙長)을 말한다. 금경에 대한 자세한 이력은 알 수 없으나 벼슬을 버리고 은거한 은사이고, 상장은 후한(後漢)의 방덕공(龐德公)의 자이다. 방덕공은 자가 자어(子魚), 상장(尙長)이며, 일찍이 양양 일대에 은거하던 사마휘, 제갈량, 방통, 서서 등의 인재들과 친밀하게 지내며 세상사를 토론했다. 제갈량은 그를 매우 존경하여 스승으로 예우하여 자주 인사하러 왔고, 방문할 때면 침상 아래에서 절을 했다고 한다. 형주(荊州) 자사로 있던 유표(142~208)가 여러 차례 방덕공을 초청했으나 응하지 않고 녹문산에 은거하며 약초를 캐면서 생을 마감했다.

지겨운 벼슬살이

세상엔 친구도 없고 어울리는 사람도 드문데
작은 녹봉에 망설이며[1] 귀향하질 못하네.
가련하구나! 백발이 되어 무슨 일 한다고
비로소 알았네. 조복[2]이 젖은 옷 된 줄을

> 세상에 인륜과 도덕이 쇠퇴하고 어지러워져서 아전들은 탐욕스럽고, 백성들은 억세고 모질어짐이 곳곳마다 다 그러한데, 연산과 노성이 더욱 심하였다.

世少知音和者稀, 低回五斗未能歸.
憐渠白髮成何事, 始識朝衣是濕衣.
　世降俗澆 吏頑民悍 在在皆然 連 · 魯尤甚.

---

1) 원문의 저회오두(低回五斗)는 '닷 말의 쌀에 고개를 숙이고 생각을 돌리며 망설인다.'라는 뜻으로, 얼마 안 되는 봉급에 사퇴를 망설이는 것을 말한다. 중국 진(晉)나라 시인인 도연명이 팽택 현령으로 있을 때, 독우(督郵, 순찰관)가 순찰을 온다고 하여 하급 관료가 "필히 의관을 정제하고 맞이하십시오."라고 진언을 하자, 도연명은 "오두미(五斗米) 때문에 허리를 굽혀 향리의 소인을 섬기는 일을 할 수는 없다."라고 말한 뒤, 그날로 사임하고 집에 돌아갔다고 한다.
2) 원문의 조의(朝衣)는 예전에, 관원이 조정에 나갈 때 입는 정복을 이르던 말이다.

공주 나들이

병이 난 지 석 달 만에 비로소 외출복 입고
새벽빛 받으며 처음으로 관아 문을 나서네.
난교[1]에 비스듬히 기대니 조금 정신이 맑아지고
강춘환의 말은 건장하여 날아갈 듯하네.

> 내가 수중다리[2]를 앓은 지 70여일이 지나자 비로소 살아갈 방도를 찾았다. 울적한 마음이 밝아지자 아픈 몸을 이끌고 감영[도청]이 있는 공주에 갔다. 강춘환은 우리 고을의 장교이다.

淹疴三朔始加衣, 初出衙門帶曙暉.
斜倚煖轎神稍爽, 姜春煥馬健如飛.
  患瘇七十餘日 始得生道. 心欝欲暢 力疾作營行. 姜春煥本邑將校.

---

1) 난교(煖轎)는 가마에 장막을 쳐서 추위를 막은 가마이다.
2) 수중다리는 병 때문에 퉁퉁 부은 다리를 말한다.

경천의 의원 이의도집을 찾아가다

파초잎 길게 늘어지고 목향꽃[1] 만발한데
조그만 채소밭 주위엔 숙지황이 돋아나네.
말을 세운 동쪽 담장 아래 샛길이 나있고
주막의 주인이 손으로 이의원집을 가리키네.

> 의원인 이의도는 호남의 화순사람인데 노성현의 경천역[2] 주변으로 흘러들어와 살았다. 내가 감영이 있는 공주에 갈 때, 그 집을 방문하였다.

芭蕉葉長木香花, 小圃周遭芐正芽.
馬住東邊通細逕, 店人指點李醫家.

> 李醫宜道 湖南和順人 流寓魯城之擎天驛傍. 余營行時 歷訪其家.

---

1) 목향꽃은 국화과의 여러해살이풀이다.
2) 지금의 충청남도 공주시 계룡면 경천리 일원에 있었던 주막거리를 말한다.

경천역 풍경

경천역 가로수는 푸르게 늘어져 있고
길옆 모판의 모들이 쪽빛처럼 곱구나.
한 줄기 밥 짓는 연기 물가에 피어오르고
남으로 가는 행인들 모두 이곳에서 묵네.

　경천鏡川은 곧 '경천擎天'이다. 좁은 길 양쪽은 모두 논이고, 시내 너머 산 아래에 인가가 있다.

鏡川驛樹碧氀毿, 夾路秧苗淨似藍.
一抹炊烟浮水裔, 家人多住馬行南.
　鏡川卽擎天. 夾路兩邊 皆稻田 隔溪人家 幷依山而居.

도배지가 된 병계집

병계집[1]을 출판한 게 그 어느 해였던가?
주막집 바람벽에 가로세로로 도배했네.
그분의 도덕과 문장이 이처럼 버림받으니
허물이 된 대추나무 판목이 가련하구나.

윤봉구[2]는 호가 병계이고 자는 서응으로 수암 권상하[3]의 문인이다. 그는 유일遺逸로 공조판서에 천거되었으며 시호는 문헌이다. 주점의 바람벽 도배지가 『병계집』이었기 때문에 이른 것이다.

尹屛溪集繡何年, 店壁橫黏又倒聯.
道德文章休話了, 眚灾棗木也堪憐.

屛溪尹公名鳳九 字瑞膺 權遂庵門人. 逸工判 諡文獻. 店壁塗褙者
乃屛溪集故云.

---

1) 병계집(屛溪集)은 조선 후기의 문신·학자인 윤봉구(尹鳳九)의 시문집이다.
2) 윤봉구(尹鳳九, 1683~1767)는 조선후기 문신·학자로 본관이 파평(坡平)이고 자가 서응(瑞膺)이며 호는 병계(屛溪)·구암(久菴)이고 시호는 문헌(文獻)이다. 권상하의 문하에서 수학한 강문팔학사(江門八學士)의 한 사람으로서 호락논쟁(湖洛論爭)의 중심인물로, 인성과 물성은 서로 다르다는 '호론(湖論)'을 지지하였으며, 저서로 『병계집』이 있다.
3) 권상하(權尙夏, 1641~1721)는 조선후기 문신으로 본관이 안동이고, 자가 치도(致道)이며 호는 수암(遂菴)·한수재(寒水齋)이고 시호는 문순(文純)이다. 그는 기호학파의 정통계승자로 인물성동이논쟁(人物性同異論爭)인 호락논변(湖洛論辨)이 일어나게 되는 계기를 마련하였으며, 저서로는 『한수재집(寒水齋集)』, 『삼서집의(三書輯疑)』 등이 있다.

공주 대통교의 작은 주막

후미진 거리 모퉁이의 작은 주막
금성[1]의 관기가 웃으며 술독대를 지키네.
사람들 향해 사탕 맛을 자랑하며
붉게 옻칠한 소반에 술 한 병 내오네.

   대통교[2] 남쪽 개울가 안쪽에 어떤 기생이 새로 작은 주막을 열었는데, 중호 이재원[3]이 원래 주인이었다. 내가 이재원을 찾아 그 집을 방문하였다.

僻淨衙頭占小鋪, 錦城官妓笑當壚.
向人自詑砂磄味, 紅漆髹盤托玉壺.
   大通橋南溪小港內 有一妓新占小鋪 中湖李生在元主人也. 余訪李入其家.

---

1) 금성(錦城)은 공주의 별칭이다. 금강(錦江) 가에 있는 성, 즉 공산성을 이르는 말로 공주를 지칭하는 말이다.
2) 대통교(大通橋)는 충청남도 공주시 중동과 반죽동을 연결하는 다리로 대통사 앞에 있는 다리라 하여 대통다리, 또는 대통교라고 부른다. 옛날에는 선화당(宣化堂) 앞에 있던 다리로서 자연석의 홍예(虹霓)로 되어 있었다.
3) 이재원(李在元)은 본관이 경주이고 초려 이유태의 6대손으로 1805년 이유태의 연보를 간행했다.

기녀 명옥

새로 유행하는 과자는 모두 호도를 넣으니
자두와 사과는 모두 어린 아전[1]들 차지
되려 번소樊素[2]의 구미를 보게 하는 듯
사람의 춘색春色을 배나 높게 동하게 하네.

　내가 어느 하루 연막蓮幕[3]에 가서 쉬는데, 이름이 명옥이라는 한 기녀가 비장[4]의 옆에 앉아서 호도를 손으로 가지고 놀았다. 그래서 희롱삼아 지었다.

時新菓子最含桃, 靑李來禽總下曹.
却敎較看樊素口, 動人春色倍增高.
　余一日 適歇蓮幕 見一妓名明玉者 坐諸裨之側 手弄櫻桃. 故戲題.

---

1) 원문의 하조(下曹)는 하조종사(下曹從事)의 준말로 여러 관사의 종사(從事) 가운데 가장 낮은 자를 이른다.
2) 번소(樊素)는 당(唐) 나라 백낙천(白樂天)의 기생첩으로 노래를 잘했다고 한다. 『구당서·백거이전(舊唐書·白居易傳)』에 의하면, '번소(樊素)는 오랑캐의 자손으로 노래와 춤에 능했다.'라고 한다.
3) 연막(蓮幕)은 연화막(蓮花幕)이라고도 하며 재상이나 장군의 막부(幕府)를 말한다. 이 시에서는 관찰사 막부를 의미한다.
4) 비장(裨將)은 조선시대 감사(監司), 유수(留守), 병사(兵使), 수사(水使) 등을 따라 다닌 수행원으로 막비(幕裨)라고도 한다.

권상신의 상소문

서어선생이 속마음 드러낸 상소를 올렸는데
평생에 축적된 것은 세상 사람들이 모두 아는 일
되려 기이하게도 하늘 찌르는 비방만 난무하여
남인들은 의아해하지 않으나, 북인들은 의심하네.

> 서어 권상신[1]이 올 해 초에 박종보[2]를 증작하고 시호를 내려줄 것을 청하는 상소를 올렸다. 대개 김귀주[3]와 김한록[4]을 응징하여 쳐낸 공을 돌리고자 한 것이다. 상소가 올라가자 의방疑謗이 크게 일었다.

西漁一疏寫肝脾, 蓄積平生世所知.
却恠薰天浮謗閙, 南人不訝北人疑.

> 西漁歲初上疏請朴宗輔贈爵賜諡. 盖以龜祿懲討之功歸之也. 疏上疑謗大起.

1) 권상신(權常愼, 1759~1824)은 조선후기 문신으로 본관이 안동이고 자가 경호(絅好)이며 호는 일홍당(日紅堂)·서어(西漁)이다. 아버지는 권전(權檟), 어머니는 이정황(李廷煌)의 딸이다. 1801년 증광문과에 장원급제하여 벼슬이 병조판서에 이르렀다. 정치적으로 김조순의 벽파에 동조하였으며, 1822년 조인영(趙寅永)의 세도정치가 시작되자 순원왕후(純元王后)의 혼사를 방해했다는 이유로 김구주(金龜柱)·심환지(沈煥之)·권유(權裕)를 격렬히 비판했고, 이 문제로 함경도 영변으로 유배되었다가 1824년 동지사로 연경에 가는 도중 병으로 죽었다. 홍직필(洪直弼) 등과 『국조대학연의(國朝大學衍義)』를 엮었으며, 저서로는 『서어유고』가 있다.
2) 박종보(朴宗輔, 1760~1808)는 조선후기 문신으로 본관이 반남이고 자가 여신(汝臣)이며 시호가 충익(忠翼)이다. 1787년(정조 11) 그의 누이가 수빈(綏嬪: 순조의 어머니)이 되자 장악원주부에 등용되어 여러 벼슬을 거쳐 형조참판에 이르렀고 영의정에 추증되었다.
3) 김귀주(金龜柱, 1740~1786)는 조선 후기 문신·척신(戚臣)으로 본관이 경주이고 아버지는 오흥부원군(鰲興府院君) 김한구(金漢耈)이며, 어머니는 원명직(元命稷)의 딸이고, 영조의 계비인 정순왕후(貞純王后) 오빠이다. 1763년(영조 39) 문과에 급제하여 벼슬이 공조참판에 이르렀다. 1772년 공조참판으로 있을 때, 영조가 탕평책의 배신으로 지목하자 사촌 동생 김관주(金觀柱)와 함께 홍봉한을 제거하는 것이 의리라는 소를 올렸다가 왕세손의 위치를 위협하는 행위로 간주되어 정조 즉위년에 역적으로 지목되었고, 영조의 딸인 화완옹주(和緩翁主)의 양자인 정후겸(鄭厚謙) 등과 결탁해 정조를 해치려 한 사실이 드러나 흑산도에 유배되어 죽었다.
4) 김한록(金漢祿, 1722~1790)도 조선 후기의 문신으로 본관이 경주이고 자가 여수(汝綏)이며 호는 한간(寒澗)이다. 아버지는 현감 김운경(金運慶)이고, 영조의 장인인 김한구(金漢耈)의 종제이며, 우의정 김관주(金觀柱)의 아버지이고, 한원진(韓元震)의 문인이다. 종질녀가 영조의 계비인 정순왕후(貞純王后)가 되자 그 후광을 업고 중앙의 명사들과 교유하고 노론벽파(老論僻派)의 당론을 조종하는 등 당쟁에 깊이 관여하였다. 종질인 김구주(金龜柱)와 함께 김상로(金尙魯) 등 벽파 대신들을 조종하여 1762년 사도세자(思悼世子)의 허물을 들추어내어 죽게 하였다. 이어서 벽파(僻派)가 더욱 득세하자 시파(時派)의 핵심인물인 홍봉한(洪鳳漢)을 탄핵하여 관직에서 물러나게 하고, 왕세손(뒤의 정조)까지 해치려 하였으나 뜻을 이루지 못하였다. 죽은 뒤 죄에 대한 추율안(追律案)이 비등하여져, 1806년 김이양(金履陽) 등의 무고로 관작이 추탈되었다가 1864년에 관작이 회복되었다.

우영장 김이종의 우정

우영장 어른 해묵은 우정이 도타워서
친히 여종 서운을 시켜 반찬을 마련했네.
인정 넘치게 닭을 삶고 매운탕을 끓이니
입만 다시고, 잠시 정다운 말 나누네.

   김이종[1]은 자가 사은으로 나의 매제인 이공진[이헌승]의 외당숙이다. 여종인 서운이 나를 보러 따라와서 매우 기뻤다.

右鎭令公夙契敦, 親呼雲婢備盤飡.
殺鷄烹鯉俱情味, 對嚼移時欵欵言.

   金士殷彜鍾 余妹友李公幹[2]繼外堂叔也. 女奴鋤雲隨來見余 驚喜.

---

1) 김이종(金彜鍾, ?~?)은 자세한 이력을 알 수 없으나 『각사등록(各司謄錄)』「충청병영계록(忠淸兵營啓錄)」〈순조 18년(1818) 12월 10일〉조, 〈순조 19년(1819) 6월 10일〉조에 공주진 우영장의 기사가 보인다.
2) 幹(간)은 榦(진)의 오식(誤植)이다.

보리 환곡還穀을 독촉하며

창고 문 열고 보리 거두며 머리털이 하얗질 듯
익은 낱알은 전혀 없고 덜 익힌 푸른 낱알 뿐
백성들 처지와 고통이 지금 저와 같은데
소보召父[1]도 그해에 나처럼 그랬을까?

  작년(1817) 우리 고을은 혹심한 수재를 입어서 백성들에게 환수하지 못한 대동미가 아직도 500여석이 넘었다. 또 감영의 지시로 보리 환곡을 독촉하여 받아들였다.

牟糴開倉髮欲皤, 打黃全少殺青多.
生靈困苦今如許, 召父當年似我麽.
  昨年 本邑酷被水灾 民間大同未收 尙餘五百石. 而又以營飭 催捧牟糴.

---

1) 소보(召父)는 소신신(召信臣, ?~BC 31)을 가리킨다. 소신신은 중국 전한(前漢) 선제(宣帝) 때 남양태수를 역임한 인물이다. 그는 주민들에게 농상(農桑)을 권장하여 농지 3만 경(頃)을 개간하고, 관개 시설과 교량 및 축대 수십 군데를 설치하는 등 선정을 베풀어 소보(召父)라 일컬어졌다.

조운선漕運船의 퇴미退米 소식을 듣고

부국강병은 충신[1]에게 의지해야 하나니
선혜청 제조는 경륜이 뛰어나네.
조운선 퇴미[2]가 진실로 좋은 대책
부끄럽구나. 삼남 땅 수많은 백성들에게

> 이존수[3]가 아산현감 송계수,[4] 당진현감 권교인[5]을 잡아들이는 계사啓辭를 올리고 추열麁劣[6]을 모두 세미稅米에서 물렸다.

富國強兵賴藎臣, 大同堂上好經綸.
漕船退米眞良策, 慚愧三南億兆民.

李公存秀奏拿牙山倅宋啓洙·唐津倅權敎仁 以麁劣盡退稅米.

---

1) 원문의 신신(藎臣)은 충의가 두터운 신하로 충신을 말한다. 『시경·대아』에, "임금의 충성된 신하라면, 그대 조상의 덕을 잊지 말지어다.(王之藎臣 無念爾祖)"라고 하였다.
2) 퇴미(退米)는 품질이 좋지 않다고 하여, 관아에서 받지 않고 물리친 쌀을 말한다.
3) 이존수(李存秀, 1772~1829)는 조선후기 문신으로 본관이 연안이고 자가 성로(聖老)이며 호는 금석(金石)·연유(蓮游)이고 시호는 문익(文翼)이다. 저서로는 편서인 『광보자경편(廣補自警編)』이 있다.
4) 송계수(宋啓洙, 1772~?)는 조선후기 문신으로 본관이 은진이고 자가 덕명(德明)이며 아버지는 송예연(宋禮淵)이다. 1803년(순조 3) 진사시에 합격하여 음보로 벼슬길에 나가 공주목 판관 등을 역임했다.
5) 권교인(權敎仁, 1773~?)은 조선후기 문신으로 본관이 안동이고 자가 경니(景尼)이며 아버지는 통훈대부 권중집(權中執)이다. 1804년(순조 4) 생원시에 합격하여 음보로 벼슬이 당진현감에 이르렀다.
6) 추열(麁劣)은 곡물의 품질이 좋지 않은 것을 말한다.

현청縣廳의 개구리 울음소리

대 피리와 깨진 징소리도 전혀 없는데
양부고취[1]의 명성 헛되이 전하는구나.
푸른 풀 자란 연못에 새로 비 내린 뒤라
공무를 못 볼 정도로 시끄러운 울음소리뿐

> 관아의 서쪽 담장 너머에 작은 연못이 있다. 매번 동이를 뒤집은 듯이 큰비가 내리면 못물이 넘쳐흘렀다. 그러면 개구리와 맹꽁이, 청개구리가 밤낮으로 시끄럽게 울었는데, 그 숫자가 몇 만 마리인지 모른다.

無腔篴和破鉦聲, 鼓吹虛傳兩部名.
靑草池塘新雨後, 不論公私只亂鳴.

> 衙舍西墻外 有一小瀦澤. 每大雨飜盆 澤水漲溢. 則䵷黽蝦蟆 晝夜亂鳴 不知幾萬.

---

1) 원문의 양부(兩部)는 입부(立部)와 좌부(坐部)의 양부로 나누어 연주하는 악기 연주를 말하는데, 전하여 매우 시끄러운 소리를 말한다. 남제(南齊) 때 공치규(孔稚珪)가 일찍이 마당 안의 잡초를 제거하지 않아 그 안에서 개구리들이 매우 시끄럽게 울어대므로, 혹자가 그에게 묻기를, "그대가 뜰을 청소하지 않고 지저분하게 내버려두던 진번(陳蕃)을 닮고자 해서 이래 두는가?" 하자, 공치규가 웃으면서 말하기를, "나는 이 개구리의 울음소리를 양부의 음악 연주로 삼거니, 어찌 반드시 진번을 본받으려 하겠는가.(我以此當兩部鼓吹 何必期效仲擧)"라고 하였다.

관아의 채소밭

힘들여 뜰 가에 작은 채소밭 만드니
부추꽃 이미 지고 겨자꽃만 향기롭네.
늦봄이 하마 지났어도 해웃값[1] 빌리느라
붉은 나비, 누런 벌들만 더욱 바쁘구나.

> 관아의 뜰 앞에 놀리는 땅이 있어서 관노와 급창방자[2]들에게 각각 한 구역을 나누어 주어 각종 채소를 심게 하였다.

庭畔蔬區半畝强, 菁花已落芥花香.
三春已了探芳債, 紫蝶黃蜂更底忙.
　衙舍庭前隙地 令官奴及唱房子輩 各圍一區 使種各樣菜蔬.

---

1) 해웃값은 기생, 창기 등의 '논다니(노는 여자)'를 상대하고 주는 돈을 말하는데, 여기에서는 벌과 나비가 꽃의 수정을 도운 대가로 얻는 '꿀'을 의미한다.
2) 급창(及唱)과 방자(房子)는 같은 말로 군과 현 등 지방의 관청에서 심부름하던 남자 하인을 이르는 말이다.

차를 마시며

장류수[1]로 우전차 다리니
어안은 뜨거워서 싫지만 해안은 좋구나.[2]
마시면 빈속에 모두 쓰며드니
차 끓이는 법 노가[3]에게 뭘 물어보나?

  우리나라 풍속에 곡우날 이전 각종 나무의 어린잎을 따서 만든 차를
  이름하여 '우전차'라고 한다. 지금 한양에서는 작설차를 판다.

長流水煮雨前茶, 魚眼嫌濃蟹眼嘉.
喫得枯腸都沁了, 不須方法問盧家.

  東俗穀雨前 採各樣樹木之芽 名曰雨前茶. 今漢師坊曲所賣雀舌茶.

---

1) 장류수(長流水)는 먼 곳에서 흘러 내려오는 강물로 천리수(千里水)라고도 부른다. 옛날에는 고여 있는 못의 물이나 양이 작은 개울물보다 맑고 깨끗한 장류수나 정화수(井華水)에 약을 달여서 썼다.
2) 어안(魚眼)은 … 좋구나 : 찻물을 끓이는데 아직 끓지 않아서 물방울이 생기지 않은 물을 '맹탕(盲湯)'이라고 하고, 처음 끓는 물을 '해안(蟹眼)'이라고 하며, 점점 크게 끓는 것을 '어안(魚眼)'이라고 한다.(龐元英,『談藪』, 俗以湯之未滾者爲盲湯 初滾曰蟹眼 漸大曰魚眼.)
3) 노가(盧家)는 부잣집을 가리킨다. 중국 위진남북조시대 양(梁)나라 무제 소연(蕭衍)의 악부시인 「하중지수가(河中之水歌)」에, "노가네 안채는 계수나무로 지었고, 방 안에는 울금과 소합향이 있네. … 하지만 인생 부귀 바람대로 되지 않아, 일찍이 동쪽의 왕씨네 며느리 못 된 걸 원망했다네.(盧家蘭室桂爲梁, 中有鬱金蘇合香. … 人生富貴何所望, 恨不早嫁東家王.)"라고 낙양 여인 막수(莫愁)가 부잣집 노씨의 며느리가 된 것을 노래하였다.

매미소리

녹음이 짙은 느티나무엔 산들바람 불고
맴맴 우는 매미소리 맑은 하늘에 메아리치네.
갑자기 한 낮에도 청량한 기운이 도니
높은 누각에선 온전히 8월인 줄 알겠네.

　현청의 뜰 동쪽에 큰 느티나무가 있는데, 매년 여름에서 가을로 바뀌는 시기에는 수많은 매미들이 일제히 운다.

槐樹濃陰送惠風, 鳴蟬嘒嘒響晴空.
午來忽遍淸涼氣, 高閣渾疑八月中.
　庭東有大槐樹 每秋夏之交 萬蟬齊鳴.

반가운 제비

수많은 나무 그늘 사방을 푸르게 감싸고
여름 장마 개려는 듯 바로 가늘어지네.
뜰 안 진흙 물러져서 이끼 빛을 띠고
쌍쌍이 나는 제비들 끌어 물고 날아가네.

기묘년(1819)에서 경진년(1820) 사이에 제비가 싸우는 재앙이 있었다. 제비가 사라지자 고을에서는 귀하게 되었다. 또한 3월 이후 제비 한 마리도 보이지 않다가 이에 이르러 월나라[강남] 제비 서너 쌍이 진흙을 찾아서 왔다.

萬木陰鄰碧四圍, 夏霖欲霽正霏微.
庭泥融壞蒼苔色, 句引雙雙鷰子飛.

己庚之間 有燕鬪之灾. 燕絶貴邑. 亦三月以後 不見一燕 至是越燕 數雙 尋泥而來.

간사한 조운선漕運船 선주船主

조운선[1] 선주 간사하고 약삭빨라서
장요미[2] 받지 않고 다만 돈으로만 받네.
쌀값이 경창京倉에선 400냥 아래 밑돈다고 하니
이번 출행으로 왕십리[3]에 밭을 사려나 보네.

> 우리 고을은 흉년이 들어 쌀 한 가마니가 11냥이나 되었으나 경창京倉에선 6냥이었다고 한다. 왕십리는 서울 동문 밖 10리에 있는 무밭으로 미나리가 매우 맛있다.

漕船船主極奸儇, 不捧長腰只捧錢.
米價京倉低四百, 今行擬買枉尋田.
> 本邑凶荒 米一斛十一兩 京倉六兩云. 枉尋里漢師東門外十里菁田芹畠甚美.

---

1) 조운선은 조선시대 때 조운(漕運)에 쓰던 선박으로 나라에서 거둔 조세미(租稅米)와 대동미(大同米)를 각 지방의 주창(州倉)에서 경창(京倉)으로 나르는 데 쓰였다.
2) 장요미(長腰米)는 쌀의 이칭(異稱)으로 좋은 쌀을 말한다.
3) 왕십리는 서울 성동구 하왕십리·행당동 일대의 왕십리역·왕십리 로터리 부근을 일컫는 말로 '枉尋里(왕십리)'는 '往十里(왕십리)'를 음차하여 표기한 것이다.

마구평의 물난리

보리는 촉이 트고 밀은 귀가 생겼는데
갯물이 공지空地에 넘쳐흘러 개여뀌가 다 잠겼네.
눈 날리듯 날아오는 마을의 급보를 받아보니
마구평엔 물이 절름절름 넘쳐흐른다고 하네.

  마고평[1]은 현청의 서쪽 19리에 있는데, 땅이 매우 돌이 많고 울퉁불퉁하며 샘이 없다.

麰頭生角麥生耳, 浦溆漫空墊蓼龍.
雪片飛來該里牒, 馬皐坪上水潢潢.
  馬皐坪在縣西十九里 地最犖确 且無水源.

---

1) 마고평은 현재는 마구평으로 불리며, 충청남도 논산시 부적면 마구평리를 말한다.

요란한 장맛 비

구름 뒤집히고 안개 솟구치듯 소나기가 내리고
번개¹⁾가 요란하게 쾅쾅 내달리듯 내리치네.
온종일 세차게 내리며 그치질 않아
사방 온천지²⁾가 모두 강물이 되었네.

 이날 비는 처음에는 가랑비처럼 내리다가 둘째 날부터는 크게 벼락과 번개를 치고 바람이 부는 것이 한낮부터 밤에 이르도록 그치지 않았다.

翻雲潑霧似犇瀧, 電母靈霽走且降.
剛到今宵仍不絶, 大千世界也成江.
 是日之雨 始以霡霂 第二日 大雷電以風 終晝達宵而不止.

---

1) 원문의 전모(電母)는 번개를 맡은 신(神)으로서 기우(祈雨)를 행할 때, 이 전모(電母)에게 빌어 뇌전(雷電)을 일으켜 비를 내리도록 하였다.
2) 대천세계(大千世界)는 삼천대천세계(三千大千世界)'를 줄인 말로 석가모니의 교화가 미친 지역을 가리키는 말로 상하사방 온천지를 의미한다. 불교에서는 수미산을 중심으로 하여 사대부주(四大部洲)의 일월이 비추는 곳을 합쳐서 하나의 소세계(小世界)로, 천 개의 소세계를 소천세계(小千世界)로, 천 개의 소천세계를 중천세계(中千世界)로, 천 개의 중천세계를 대천세계로 생각한다.

모내기를 독촉하며

단비가 때맞추어 내리다 개어서 좋고
청산은 한 번 씻어낸 것처럼 맑구나.
날마다 논두렁 나가 모심기 독촉하는데
뻐꾸기 소리 짙푸른 느티나무에서 들리네.

가물면 비를 그리워하고, 비가 오면 갠 날을 그리워하는 것이 사람의 마음이다. 올해는 비가 많지도 적지도 않았고 빠르지도 늦지도 않았으며, 고지대나 저지대나 고루고루 흡족하게 내렸다.

佳雨知時霽亦佳, 靑山一洗瀞如揩.
秧疇趁日催農急, 布穀聲來滿綠槐.

旱則思雨 雨則思晴 人之情也. 今年之雨 不多不少 不疾不徐 高低均洽.

부엉이 언덕

봉황대 위에 봉황이 놀았더니
민가엔 말로 전하고 야사엔 기록으로 남겼네.
봉황이 떠나고 돌아오지 않으니 대만 홀로 남아있고
바다 하늘 끝으로 강물만 길이 흐르네.

  봉대는 현청의 북쪽 30리쯤에 있는데, 다른 이름으로 '부엉이 언덕'이라고 한다. 연산지방에서는 '부엉이'를 '부항'이라고 하는데, 이는 '鳳(봉)'자의 음과 서로 비슷하기 때문에 그것으로 이름을 붙였다.

鳳凰臺上鳳凰游, 吒俗相傳野史留.
鳳去不來臺獨在, 海天無際水長流.
  鳳臺在縣北一息許 名鴟鵬坵. 方言鴟鵬曰符項 與鳳音相似 其以名歟.

자배기를 인 늙은 할멈

목화밭 아니면 바로 콩밭
뒤덮은 푸른 잎이 마치 동전 같네.
노파는 송아지 몰고 밭으로 나가며
맑은 샘물 담은 자배기를 머리에 이었네.

   노성과 연산 사이의 목화밭과 콩밭이 모두 무성하게 잘 자라서 잎사귀가 밭에 가득했다.

不是棉田是菽田, 覆區靑葉似銅錢.
村婆叱犢田中出, 頭戴磁甀汲碧泉.
  魯·連之間 棉田荳田 俱爲茁茂 布葉滿田.

황량한 들판

도랑물 빠지자 모래톱이 들어나고
들판의 농가엔 닭과 개마저 없네.
묵은 저 논밭, 그 누가 지어먹나?
임자 없는 빈 땅엔 온통 메꽃[1]뿐

> 노성 가는 길가에 네다섯 가구쯤 되는 한 마을이 부세 징수에 곤경에 처하여 사방으로 거의 다 흩어지고 오직 무너져 가는 집만 보였다.

溝水漣漣露淺沙, 幷無鷄犬野農家.
荒田數畝誰耕食, 遍地空開鼓子花.
> 魯城道中 見一村四五戶 困於微科 四散殆盡 惟瘰屋頹然俱存.

---

1) 메꽃은 나팔꽃과 고구마 꽃처럼 생겼으며 전국 각처의 들에서 자라는 덩굴성 다년생 초본이다. 생육환경은 음지를 제외한 어느 환경에서도 자란다. 어린 순과 뿌리는 식용 및 약용으로 쓰인다.

닭 구경

붉은색과 흰색이 흐르러져 비단 털 같고
요란하게 울면서 날아와 무리를 이루네.
암컷의 벼슬은 희고 수컷은 붉은색
두엄 위에 올라 굼벵이를 쪼아 먹네.

　경천에 사는 사람의 집에서 닭을 수백 마리 길렀는데, 다섯 빛깔의
　닭들이 무리를 이루었는데 산뜻하여 볼만했다.

朱朱白白似錦毛, 亂叫飛來隊隊豪.
雌冠如綿雄冠奭, 牛屎堆上啄蠐螬.
　擎天居人家 養鷄數百首 五色成隊 粲然可觀也.

주막집 울타리의 참새

울타리의 참새 벌 잡아 마당 흘겨보며 삼키고
다시 날아올라 아무 말 없이 조용히 앉아 있네.
분수에 맞게 쪼아 먹는 것을 이와 같이 하니
어쩌면 인간들 음식 구걸을 배운 것이 아니겠는가?

 주막에서 점심밥을 먹고 누워서 보니 울타리에 참새가 벌을 잡아서 되돌아가 앉았다. 두려운 듯 만족을 알고 멈추는 정취가 있었다.

籬雀捎蜂瞥地吞, 還飛端坐靜無言.
隨分飮啄元如此, 肯向人間學乞墦.
 店舍午飯 臥見籬雀捎蜂還坐. 愀然有知足而止之意.

갯마을 젊은 아낙

갯마을 젊은 아낙 남색 무명치마에
눈썹 살짝 그리고 연하게 화장했네.
자라 새끼 몇 마리 노끈에 꿰어 들고
허둥대며 가는 걸음 맨 발로 바쁘구나.

『선원보략』[1]을 봉안하는 행차에 공경히 귀로를 영접하는데, 한 젊은 아낙이 서너 마리의 자라를 묶어 삽자루에 맨 삽을 들고 바삐 장터로 향하는 것이 보였다.

浦村少婦木藍裳, 淡掃蛾眉淡淡粧.
箚得馬鼊油鼈子, 走向橋虛赤脚忙.

璿譜奉安行次 祇迎歸路 見一少婦手持鍬頭 箚得數鼈 忙向市上.

---

1) 『선원계보기략(璿源系譜記略)』은 조선왕실족보의 하나로 선원보략, 선원록으로 약칭하기도 한다. 1681년(숙종 7)에 처음 간행되어, 1931년까지 각 왕대에서 변경사항이나 새로운 기재사항이 생기면 부정기적으로 중교(重校), 보간(補刊)하여 왕실과 조정의 신하들에게 반포했다.

삼대를 불리는 처녀

지밭[1]의 꽃처럼 어여쁜 처녀
돌우물 남쪽 모퉁이가 아버지의 집
구름 같은 숱진 머리 전혀 빗지도 않고
달밤에 물을 길어 새벽까지 삼대를 쌂네.

> 우리 고을의 삼베는 품질이 매우 뛰어난데, 지밭의 삼베가 더욱 뛰어났다. 한 마을이 농사에 주력하지 않고 오로지 삼베농사만을 전업으로 삼았다.

癸[2]田處女貌如花, 石井南邊是爸家.
綠鬢雲鬟渾不整, 月中汲水曉漚麻.

> 本邑麻布甚美 癸[3]口尤住. 一社不務農 專以麻爲業.

---

1) 지밭은 지금의 충청남도 논산시 부적면 부인 2리 일원이다.
2) '癸(계)'자는 '祭(제)'자의 오식(誤植)이다.
3) '癸(계)'자는 '祭(제)'자의 오식(誤植)이다.

연산고을 주막

마가목[1] 술은 신통한 효능 있는데
창출과 당귀를 같은 양으로 넣어야 좋다네.
연산 고을 안, 주막[2]이 30여 호
가장 맛있는 술은 조씨 할멈집의 술

> 정공등은 일명 오가피라고 한다. 내가 술을 빚어 먹으려고 하는데, 고을에서 조씨 할멈집에서 잘 빚는다는 소문을 듣고 돈을 주어 빚게 하였다.

丁公藤酒得神方, 蒼朮當歸等分良.
縣裏靑帘三十戶, 先頭美釀趙孃孃.

> 丁公藤一名五加皮. 余欲釀酒服之 聞邑中趙婆家善釀 兌錢使釀.

---

1) 정등공(丁公藤)은 장미과의 활엽(闊葉) 교목(喬木)인 마각목을 말한다. 막가목은 성질은 따뜻하며 맛은 맵고 독이 없다. 풍증과 어혈을 낫게 하고 늙은이와 쇠약한 것을 보하고 성기능을 높이며 허리힘, 다리맥을 세게 하고 비증(痺症)을 낫게 한다. 흰 머리를 검게도 하고 풍사를 물리치기도 한다.
2) 원문의 청렴(靑帘)은 한 해의 액(厄)을 물리치기 위하여 초봄에 지붕의 귀퉁이에 세워놓는 청백색의 기(旗)였으나 주막에서 걸어두어 '주막'이라는 의미로 전성되었다.

늙은 올빼미를 잡다

열 마리 병아리 중 아홉 마리를 잡아먹고도
시도 때도 없이 살강 끝에 매단 고기를 채가네.
밤에 관포군들에게 둥지를 포위하게 하여
시든 잣나무 꼭대기의 약삭빠른 올빼미를 잡았네.

　관아의 뒤란 잣나무 위에 늙은 올빼미가 살았는데, 늙어서 매우 교활하였다. 총을 잘 쏘는 사람에게 엿보게 하여 한 달 만에 겨우 잡았다.

十箇鷄雛九箇爲, 攫槳梢肉也無時.
夜令官砲齊圍住, 病栢前頭獲黠鵂.
　衙後側栢上有老鵂 年久甚黠. 使善砲者覘之 一月始獲.

공무를 마친 후

현청의 가을은 마치 고요한 절간 같고[1]
단풍잎 누렇게 물들고 떡갈나무 잎 지네.
아전들 퇴근한 해 저문 오후 7시 이후엔
온천지 매미 소리 속에 홀로 책을 보네.

> 초가을 서늘한 바람이 신선하게 불고, 매일 아침과 낮 사이에는 울창한 나무에 수많은 매미들이 일제히 울어서 자못 그윽한 운치가 있다.

鈴軒秋事似精廬, 楓葉潮黃槲葉踈.
日晚卯衙初散後, 萬蟬聲裏獨看書.
　初秋 凉風新生 每朝晝之間 衆木葱蔚 萬蟬齊鳴 頗有幽致.

---

1) 현청의 … 같고: 김려가 근무하고 있는 연산 현청이 공무가 없어서 매우 고요한 것을 말한다. 영헌(鈴軒)은 지방의 수령(守令)이 집무하는 곳인 현청을 말하며, 영재(鈴齋), 영각(鈴閣), 영당(鈴堂)이라고도 한다. 정려(精廬)는 정사(精舍)와 같은 말로 선비가 학문을 가르치기 위하여 마련한 집이나 승려가 불상을 모시고 불도(佛道)를 닦으며 교법을 펴는 집을 말한다.

게를 잡는 아이들

배 잎은 진홍빛 띠고 밤송이도 드문데
된서리 내리니, 벼이삭도 여물어가네.
마을 아이들 밤에 관솔불 밝히고
풋개 다리에서 게 잡아 돌아가네.

 8월이면 게가 처음으로 난다. 풋개[草浦][1)]는 지명이다. 바닷물과 통하여 게 맛이 가장 좋고 또한 많이 난다.

梨葉殷紅栗殼稀, 露華濃蘸稻粱肥.
村童夜簇松明火, 草浦橋頭捉蟹歸.
 八月蟹始生. 草浦地名. 通海水 蟹味最佳 且多産.

---

1) 풋개는 지금의 충청남도 논산시 광석면 항월리 노성천과 연산천[사계천]이 만나는 유역으로 초포원이 있던 곳이다. 이곳은 금강의 지류로 예로부터 게가 많이 나는 곳으로 유명하였으며 지금도 게가 많이 난다.

단양으로 유람을 떠나며

햇볕이 드는 관아 처마에 새벽빛 밝자
마른 나귀 끌고 동쪽 큰길로 나서네.
불연 듯 가보지 않은 단양[1]길 들어 서니
네 고을 산천이 이미 내 눈 속에 들어왔네.

 늦가을 나는 관찰사와 단양에 갈 것을 약속하고 사열沙熱[2]로 출발했다.

日照衙簷曉色空, 瘦驢牽出馬行東.
翻然未踏丹丘路, 四郡山川已眼中.
 季秋 余赴巡相丹丘之約 發向沙熱.

---

1) 원문의 단구(丹丘)는 단양(丹陽)의 별칭이다. 지금의 충북 단양군 일원을 말한다.
2) 사열은 지금의 충청북도 제천시 청풍면 일원이다.

미염재 위에서

혹처럼 파인 추암, 마치 개가 웅크린 듯
행인이 쌀 단지, 소금 단지를 가리켜 보이네.
귀신이 숨어 있는 듯 정말로 천험하니
신도안[1] 지키는 관문으로 두어야 하리.

 미염재는 진잠[2]에 있는데, 속명 우문산이라고 하며 신도안을 지키는 한문捍門이 된다.

醜石疣嵌似狗蹲, 行人指點米塩尊.
神藏鬼秘眞天險, 留與神都鎭捍門.
 米塩峴在鎭岑 俗名牛閩山 新都捍門.

---

1) 지금의 충남 계룡시 신도안면 일원으로 3군본부가 있다.
2) 진잠(鎭岑)은 충남 대덕군의 진잠면으로 편제되었다가, 대전광역시에 편입되어 유성구의 진잠동으로 승격되었다. 이곳은 계룡산 줄기에 자리 잡아 지대가 높은 데서 붙여진 이름이다.

진잠현의 풍정

산골 고을의 절간 같은 썰렁한 관아
흙 담장 둘러싸고 메벼가 향기롭네.
봄이 오면 집집마다 쟁기 들고 나오니
누워 전관[1]에게 명령해도 거리낄게 없겠네.

　진잠현의 관아는 사방이 모두 논이었다. 벼가 익어가고 끝이 없이 넓었다.

山縣荒衙像佛廊, 土垣周匝稻秔香.
春來耒耟家家出, 臥領田官也不妨.
　鎭岑縣衙四面皆水田. 稻秔方熟 一望無際.

---

1)　전관(田官)은 권농관을 말한다. 권농관(勸農官)은 조선시대에 농민에게 농경을 권장하고 수리와 관개업무를 관장한 유향품관이다.

진잠현감 이목영

현청 남쪽 낮게 쌓은 언덕이 매우 서늘하고
감은 붉은 빛 돌고 탱자 껍질 노래졌네.
6년 세월 하루같이 청렴하고 검소했으니
고을사람들 다투어 현감의 어짊을 칭송하네.

 현감인 이목영[1]이 관아의 남쪽에 작은 언덕을 쌓고 빙 둘러 꽃나무를 심었는데 그윽하고 서늘하여 좋아할 만 했다.

庭南小築劇幽凉, 柿子初紅枳殼黃.
淸儉六年如一日, 邑人爭頌李侯良.
 李侯牧榮築小墩於衙南 環植花木 幽凉可愛.

---

1) 이목영(李牧榮, 1766~?)은 조선후기 문신으로 본관이 전주이고 자가 양지(養之)이며, 1807년(순조 7) 생원시에 합격하여 음직으로 현감을 역임했다.

가수원을 건너며

가운데 큰 바위를 작은 돌이 둘러쌓고
냇물이 세차게 흘러 마치 여울인 듯
위쪽 물가 비록 얕지만 젖가슴에 이르고
아래쪽 여울 조금 깊어 말머리가 잠기네.

저녁나절 가수원천[1]을 건넜다. 시내는 진잠에서 10리 거리에 있고, 물밑이 모두 바위였는데, 돌이 미끄럽고 물이 차서 사람과 말이 건너기가 어려웠다.

鉅石中央礫石周, 川流迅疾似灘流.
上洲雖淺當人乳, 下灘稍深沒馬頭.

晚渡下[2]水院川. 川在鎭岑十里 水底皆石 石滑水寒 人馬難濟.

---

1) 개수원(介水院)은 지금의 대전광역시 서구 가수원동에 있었던 역원이다. 과거부터 용소리, 사거리, 새말 등의 자연 마을을 통칭하여 개수원 또는 가수원이라 불렀다.
2) 下(하)자는 介(개)자의 오식(誤植)으로 보인다.

물고기 잡는 사람

모려재 서쪽에는 소낙비 몰아치고
쌍연뢰 위쪽에는 폭풍이 휘날리네.
풀로 짠 다래끼[1] 어깨에 메고 갔다가
물 건너 물막이에서 통발 보고 돌아오네.

    모려재는 진잠의 지명이다. 쌍연은 회덕[2]에 있는데, 위 연자여울, 아래 연자여울이 있다.

牡蠣峴西急雨霏, 雙燕瀨上迅風飛.
織莎笭箵荷肩去, 隔水漁梁視筍歸.

    牡蠣峴鎭岑地名. 雙燕在懷德 有上下燕子二瀨.

---

1) 원문의 영성(笭箵)은 왕골 등으로 짜서 만든 아가리가 좁고 바닥이 넓은 바구니를 말한다.
2) 회덕(懷德)은 현재의 대전광역시 중구, 동구, 대덕구 일대를 관할했던 군으로 관아는 현재의 대덕구 읍내동에 설치되었다. 회덕군은 읍내동을 에워싼 원촌동, 와동, 연축동, 법동, 송촌동 등을 포함하였다.

소제동 풍경

소제의 가을 물 맑아서 먼지 하나 없고
한 줄기 맑은 시냇물 비단을 펼쳐 놓은 듯
상상컨대, 무이산[1] 아래에 가면
구곡이 만정봉[2]을 돌아 흐를 듯

  소제[3]는 우암 송시열의 옛집이 있고, 후손이 지금 그곳에 살고 있다. 집에는 선생의 사당이 있다.

蘇堤秋水淨無埃, 一道淸溪匹練開.
想向武夷山下去, 慢亭九曲共潛洄.
  蘇堤 有宋尤庵舊宅 嗣孫今居焉. 宅有先生祠宇.

---

1) 무이산(武夷山)은 중국 푸젠성(福建省)과 장시성(江西省)의 경계에 있는 산으로 명승지 많고, 주자(朱子) 강학하던 고정서원이 있다.
2) 만정봉은 무이산 1곡(一曲)의 북쪽에 있는 대왕봉 왼쪽에 있는 봉우리이다. 만정봉은 해발 500미터 정도의 산으로, 도가(道家)의 무이군(武夷君)이 연회를 베풀던 곳이라고 한다.
3) 소제(蘇堤)는 지금의 대전광역시 동구 소제동 일원이다.

오위장 임진익의 약방

대로 엮은 성긴 울타리에 잎이 진 오동나무
돌다리 서쪽 언덕엔 문 열어둔 한가한 약방
주인은 들어앉아 향을 사르는 것 마치고
하릴없이 애들에게 하수오를 찧게 하네.

고을의 동쪽 골목에 오위장[1]인 임진익[2]이 집에서 약방을 열었다. 이번 행차에 지나가며 방문했다.

編竹疎離靠禿梧, 石橋西畔啓閒舖.
主人深坐燒香罷, 漫敎兒童搗首烏.

邑東衚衕 任五衛將鎭翼家 開藥舖. 是行歷訪.

---

1) 오위장(五衛將)은 조선시대 오위도총부(五衛都摠府)에 딸려 오위의 군사(軍士)를 거느리던 으뜸 벼슬로 품계는 초기에 종2품(從二品)이었으나 임진왜란 뒤에 정3품(正三品)이 되었다.
2) 임진익(任鎭翼, ?~?)은 자세한 이력은 알 수 없으나 『승정원일기』〈1804년(순조 4) 7월 8일〉조에 경희궁 위장에 임용된 기록이 보인다.

회덕현감을 만나다

지난밤 내린 비에 연못 풀 냄새 향기롭고
우연히 만난 주인의 술잔에 조금 취했네.
인정은 새로 사귀는 즐거움만은 못하지만
머리를 남쪽 이웃 조사군에게 돌리네.

  회덕의 현감은 송유재[1]이고 조사군은 곧 전 현감이었던 여원茹園 조기복[2]으로 자가 백초이다.

夜雨池塘草氣薰, 偶逢地主酌微醺.
人情未必新知樂, 回首南隣趙使君.
  懷德宰宋侯儒載 趙使君卽舊倅趙茹園伯初也.

---

1) 송유재(宋儒載, ?~?)는 조선후기 문신으로 본관이 여산(礪山)이고 자는 사진(士珍)이며 할아버지는 좌의정을 역임한 송인명(宋寅明)이고 아버지는 송익정이며, 음서로 회덕현감 등을 역임했다.
2) 여원은 조기복의 호이다. 조기복(趙基復, 1773~1839)은 조선 후기의 문신으로 본관이 임천(林川)이고 자는 백초(伯初)이며 호는 여원(茹園)이다. 예조참관 조희일(趙希逸)의 7대손으로 1801년(순조 1) 진사시에 합격하여 음직으로 출사하여 벼슬이 경주목사에 이르렀다.

문의 선강에서

가을 물 조용히 골짜기로 굽어 흐르고
맑은 물결 수만 갈래 주름무늬 펼치네.
고인高人이 동강桐江이 멀다하지 않으니[1]
부질없이 푸른 이끼 보내 낚시터 잠기게 하네.

> 회덕으로부터 30리 거리에 '선강宣江'이 있는데, '선강船江'이라고도
> 하며 문의[2]지역이다. 강가에 낚시터가 있는데 누대가 매우 좋아서
> 두미진[3]과 비슷했다.

秋水安流句曲回, 澄波百道縠紋開.
高人不到桐江遠, 空遣蒼苔鎖釣臺.

> 距懷德三十里 有宣江 一名船江 文義地方. 江上釣臺 臺甚好 似豆
> 彌.

---

1) 고인이 … 않으니 : 은사들이 낚시하러 찾아오지 않음을 말한다. 고인(高人)은 벼슬을 사양하고 세상의 물욕에 뜻을 두지 아니하는 고상한 사람이었던 엄광(嚴光)과 같은 은사를 말한다. 후한(後漢) 광무제(光武帝)의 절친한 친구인 엄광(嚴光)은 높은 벼슬을 주려는 광무제의 호의를 거절하고 부춘산(富春山)에 들어가 숨어 살며 동강에서 낚시로 소일하였다고 한다. 이후 엄광을 칭송하여 "동강의 낚싯줄 하나가 한나라의 구정을 붙들어 매었다. (桐江一絲繫漢九鼎)"라고 하여 한나라가 선비들의 기개를 높여 주어 후한의 국운을 유지하게 했다고 한다.
2) 문의는 지금의 충북 청주시 문의면 일원으로 대청호 대통령별장이 있는 곳이다.
3) 두미진(豆彌津)은 지금의 경기도 하남시 배알미동 한강 팔당댐 아래에 있는 도미나루를 말한다. 이 나루는 도미나루라고도 하는데, 『삼국사기·열전』의 「도미부인」이야기의 무대이기도 하다.

족질族姪인 김석연을 만나다

푸른 귀밑머리 연지 바른[1] 젊은 주인여자
등불 걸어두고 마주보며 정담을 나누네.
그 아비 더벅머리 지금은 크게 자랐으니
부끄러워라. 내 어찌 늙은 몸이 아니겠는가?

문의현감은 족제인 김용金鎔[2]인데, 무과 동당시[3] 시관으로 청주에 가서 그의 맏아들 석연石淵[4]이 고을의 주막으로 나를 찾아왔다.

綠鬢紅腮少主人, 懸燈相對話情親.
渠爺髼髮渠今大, 愧我安能不老身.
　文義倅族弟鎔 以武東堂試官往淸州 其胤石淵來見于邑店.

---

1) 원문의 녹빈홍시(綠鬢紅腮)는 푸른 귀밑머리와 붉은 얼굴이라는 뜻으로, 젊고 고운 여자의 얼굴을 형용하여 이르는 말이다.
2) 김용(金鎔, 1772~?)은 본관이 연안(延安)이고 자가 사묵(士默)이며 아버지는 첨지중추부사 김재태(金載泰)이다. 1809년(순조 9) 무과에 급제하여 한량(閑良)을 거쳐 문의현감을 역임했다.
3) 동당시(東堂試)는 동당감시(東堂監試)라고도 하며 조선시대의 대과(大科)의 속칭(俗稱)이다.
4) 김석연(金石淵)은 본관이 연안이고 아버지는 김용이며, 벼슬이 통덕랑(通德郞)에 올랐으나 자세한 이력은 알 수가 없다.

제미재를 지나며

늙은 등나무와 갈참나무가 뒤덮어 그늘지고
푸른 절벽 부릅뜬 듯 하늘로 솟았네.
양쪽 절벽 겨우 말 한 마리만 지나갈 수 있어
행색이 청석동 골짜기 사람 된 듯

  두 고개를 지났는데, 청룡재,[1] 제미재[2]라고 한다. 제미재 양쪽 언덕은 높고 험준하여 마치 청석동[3]과 같았다.

脩藤壽櫟覆陰翳, 翠壁參天若怒瞋.
兩岸纔堪容一馬, 況疑靑石洞中人.

  路經二峴 曰靑龍 曰劑尾. 劑尾兩岸高峻 似靑石洞.

---

1) 청룡재는 지금의 충북 청주시 상당구 가덕면 청용리 일원에 있는 고개 길이다.
2) 제미재는 지금의 충북 괴산군 청천면 고성리 일원에 있는 고개 길이다.
3) 황해남도 삼천군 월봉리 남동쪽에 있는 마을. 본래 신천군 궁촌면에 소속된 동이었는데, 1914년에 동이 폐지되면서 마을이름으로 이용되고 있다. 청석동에는 임격정과 관련한 많은 이야기가 전해지고 있다.

병풍정 주막

편편한 벼랑바위에 안뜰 열어두니
푸른 절벽 주위가 마치 비단 병풍인 듯
웃으며 목로에 나가 한 사발 시키며
이름난 이 주막을 그냥 넘을 수 없었네.

 병풍정 주막은 두 집이 편편한 벼랑바위 위에 마주하여 자리 잡고 있다. 벼랑바위는 넓어서 만 명이 앉을 수가 있고, 왼쪽에 절벽이 있는데 병풍을 쳐놓은 것 같았으며, 사람과 말이 바위 위로 지나다닌다.

般陁石上啓門庭, 蒼壁周圍似錦屛.
笑就壚頭呼大碗, 未堪虛度此名亭.

 屛風亭酒店二屋 對坐般陁上. 般陁廣可坐萬人 左有石壁如屛 人馬從石上行.

문의를 지나며

10리 사내가는 길, 해송이 향기롭고
솔방울이 주렁주렁 마치 고환을 매단 듯
어찌 호서 현령이 단출하다고 하랴
백전[1]현령이 회양[2]에게 뒤지지 않네.

> 달내주막에서 사내주막과의 거리가 10리인데, 산 위가 온통 해송자여서 세상에서 문의를 일컫기를 '호서의 첫 번째 자리'라고 하였다.

沙那十里海松香, 松子離離似掛囊.
可是湖西單縣令, 栢田判不讓淮陽.

> 達那 沙那兩店十里之間 山上皆海松子 世稱文義曰湖西一令.

---

1) 백전(栢田)은 잣나무 밭이라는 말이지만 부유한 고을을 의미한다. 이 시에서는 호서에서 제일 부유한 문의현을 말한다.
2) 회양은 화양태수를 역임한 급암을 가리킨다. 급암(汲黯, ? ~ BC 112?)은 중국 전한 무제(武帝) 때의 간관(諫官)으로 간언이 받아들여지지 않자 회양태수(淮陽太守)로 나아가 선정을 베풀어서 지방관의 모범이 된 인물이다.

닭을 사서 메고 가는 여인

촌마을 여종 갈라 묶은 머리 두 뺨을 가리고
손바닥 안 감국과 노란 국화 펼쳐 보이네.
서른여섯 문文은 닭 한 쌍의 가격
청천[1] 저자에서 사서 어깨에 메고 돌아가네.

청천장은 미원[2]과의 거리가 10리이고 '달내'는 '월원'의 속명俗名이
며 '사내'는 '미원'의 속명이다.

村奚丫髮覆雙腮, 野菊黃花手裏開.
三十六文鷄一對, 淸川市上買肩迴.
　淸川塲距米院十里 達那俗名月院 沙那俗名米院.

---

1) 청천(淸川)은 지금의 충청북도 괴산군 청천면 일원이다.
2) 지금의 충북 청주시 상당구 미원면 일원이다.

지경령 주막

두 고을 경계에 있는 두 군데 술집
술잔 나르는 중노미[1]사아[2]처럼 바쁘구나.
옥처럼 예쁜 주모 대파처럼 긴 손가락으로
손님 보며 흩어놓은 돈 비단 주머니에 넣네.

> 괴산에 10리 못 미친 곳에 지경령이 있다. 고개 아래 좌우 마을에 청주와 괴산의 지경점이 있는데 거리가 수백여 미터[무武]가 된다.

地境場邊兩酒坊, 傳盃漢子竄梭忙.
壚姬玉貌纖蔥指, 對客攤錢納錦囊.

> 未及槐山十里 有地境嶺. 嶺底左右里 淸州槐山兩地境店 可數百武.

---

1) 원문의 한자(漢子)는 남자를 낮잡아 일컫는 말로 술집에서 술 배달을 해주는 중노미를 말한다.
2) 사아(梭兒)는 베틀에서 실꾸리를 넣고 날실 사이로 오가면서 씨실을 넣어 베가 짜여 지도록 하는 배 모양의 통을 말한다.

살기 좋은 괴산 땅

저녁 매미 우는 시든 버들에 선들바람 불고
적막한 가을풍경에 깨끗한 푸른 하늘
한 줄기 청계가 굽이쳐 흐르니
괴산 고을 그림 속에 있는 듯

   인근 고을 가운데 괴산[1]이 가장 부유하고, 고을 터도 또한 높아서 좋아할 만하다.

晚蟬枯柳響凉風, 秋色蕭然瀞碧空.
一道淸溪灣轉處, 槐山郡當畵圖中.
   隣近邑中 槐山最富饒 邑基亦垓塏可愛.

---

1) 지금의 충청북도 중앙부에 위치한 괴산군 일원을 말한다.

괴산군수 오정수와 옛일을 회고하다

낙봉[1]엔 봄비에 살구꽃 지고
오태증 집안사람을 취한 눈으로 보네.
20년 전 일 쓸쓸히 회상하니
다시는 대 난간에 찾아올 사람 없네.

 군수 오정수[2]는 수십 년 전 수찬인 오태증[3] 백소의 집에서 만난 적이 있었다. 함께 옛날이야기를 하니, 쓸쓸했다.

駱峯春雨杏花殘, 吳伯紹家醉眼看.
惆悵二十年前事, 更無人到竹闌干.
 郡守吳侯鼎秀 數十年前 相見吳修撰泰曾伯紹家. 相與話舊 悵然.

---

1) 낙봉은 한양 경복궁 서쪽에 있는 낙산을 달리 부르는 말이다.
2) 오정수(吳鼎秀, 1765~?)는 조선후기 문신으로 본관이 해주이고, 자가 여급(汝及)이며 아버지는 평강현감 오태제(吳泰齊)이다. 1805년 진사시에 합격하고 음직으로 벼슬길에 나가 괴산, 부여 등의 현감을 역임했다.
3) 오태증(吳泰曾, 1754~?)은 조선 후기 문관으로 본관이 해주이고 자가 백소(伯紹)이다. 아버지는 통훈대부 행활인서별제(行活人署別提) 오언사(吳彦思)이고, 어머니는 임정호(林正浩)의 딸이다. 1794년(정조 18) 과거에 급제하여 규장각 대교·예문관검열 등을 역임하였다.

소니탄 가는 길

돌로 쌓은 강성江城이 양쪽 언덕을 휘돌고
여울소리 요란하여 폭풍우를 만난 듯
안개 속에 소니 가는 길을 헤매는데
어찌 인간 세상이 염여퇴[1]같지 않으랴

현내에서 10리 거리에 소니고개가 있는데, 민간에서는 손이고개라고 한다. 왼쪽은 산이고 오른쪽은 골짜기인데 구불구불 3~4리나 이어져서 큰 냇물인 소니탄에 이른다.

硤碑江城兩岸回, 灘聲轟汨鬪風雷.
霧中不省蘓尼路, 何似人間灩澦堆.

距邑十里 有蘓尼峴 俗名孫二峴. 左山右壑 迤邐數里 有大川名蘇尼灘.

---

1) 염여퇴(灩澦堆)는 중국 양자강 삼협에 위치한 수중 암초로서 겨울에는 물 위로 드러났다가 물이 불어난 여름에는 물속에 잠기기 때문에 이로 인하여 수많은 배가 좌초되었기 때문에 가장 위험한 길을 의미한다.

소니탄에서 죽남점으로 가는 길

석남에 사는 늙은이 삶이 만족하여
산골짜기 물가 동쪽에 너와집을 지었네.
울타리엔 붉은 대추가 흐드러지게 늘어지고
밭두렁엔 하얀 박 줄기 어지럽게 뻗어있네.

　소니탄을 지나 죽남점에 이르렀는데, 산을 등지고 시냇가에 붙어
　있었다. 물이 깊어서 검고 길쭉하였다.

石南老叟足生涯, 磵水東邊板瓦家.
籬落散垂紅頰棗, 田塍亂布雪瓢瓜.
　過蘓尼灘 到竹南店 背山臨溪 溪深黑而橢.

여러 협곡을 지나며

황독협 언덕까지 냇물이 불어 넘치고
늙은 회나무와 참나무는 녹음이 올랐네.
술동이의 탁주는 향이 조금 진하고
오후 내내 옥수수 터는 소리 높네.

  황독협에 이르니 큰 느티나무 아래에 옥수수를 터는 마당이 있었다. 이날 지나간 협곡이 5곳으로 소니, 상만, 황독, 손유, 반타였다.

黃犢坂頭也字溪, 古槐踈櫟綠陰齊.
瓦罇濁酒香微漲, 打黍聲高日未西.

  至黃犢硔 大槐樹下 築打黍場. 是日過硔凡五 曰蘓尼 · 爽晩 · 黃犢 · 巽楡 · 盤陀.

두부를 사가는 늙은이

병방의 여울물 이끼보다 푸르고
화창한 날 바람 거세 우레 치는 듯
어디에서 온 촌 늙은이 건장한 다리로
죽허점에서 두부 사서 돌아가네.

  병방은 여울 이름이고 죽허는 주막의 이름인데, 모두 충주의 지명
  이다. 이날 여울 4곳을 건넜는데, 소니, 병방, 천석, 수회였다.

丙防灘水綠於苔, 日霽風嚴吼似雷.
何許村翁紅脚健, 竹墟店裏賣泡迴.
  丙防灘名 竹墟店名 皆忠州地也. 是日過灘凡四 曰蘇尼·丙防·淺
  石·水回.

차주부車主簿의 집

오전 10시 쯤[1] 수회창에서 말을 먹이는데
차 주부 집 굽은 난간 시원하구나.
협곡이 가까워지니, 점점 단풍이 빨리 들고
뜰 가득한 붉은 잎에 밤새 서리가 내렸네.

    수회[2]는 주점의 이름이고, 연풍[3]현창이 있다. 우연히 주부 차남제라는 사람을 만났는데, 그는 서울사람으로 의업에 종사하다가 흘러들어 이곳에 산다.

禺中喂馬水回倉, 車主簿家曲檻凉.
近硤漸驚風氣早, 滿庭紅葉夜添霜.

    水回店名 有延豊縣倉. 遇申[4]主簿南濟者 京師人 業醫 流落住於此.

---

1) 원문의 우중(禺中)은 사시(巳時), 곧 오전(午前) 10시경을 의미한다.
2) 수회는 지금의 충청북도 충주시 수안보면 수회리 일원이다.
3) 연풍은 지금의 충청북도 괴산군 동부에 있는 면이다.
4) 시의 원문에 '車'로 되어 있는 것으로 보아 '申'자는 '車'자의 오식(誤植)이다.

한수재寒水齋 사당

한수재[1]선생의 도덕이 존숭되어
유묘遺廟가 강마을에 우뚝하게 남아있네.
지금도 선비 의관[2]을 갖춘 자들은
이들은 모두 문순공[3] 후예들이네.

   황강은 청풍 땅이다. 권수암 선생이 생활하던 곳에 사당이 있다.

寒水先生道德尊, 巋然遺廟儼江村.
至今博帶峨冠者, 摠是文純後裔孫.
   黃江是淸風地. 遂庵權先生遺基 有祠廟.

---

1) 한수재는 권상하의 호이다. 권상하(權尙夏, 1641~1721)는 조선후기 문신으로 본관이 안동이고, 자가 치도(致道)이며 호는 수암(遂菴)·한수재(寒水齋)이고 시호는 문순(文純)이다. 아버지는 집의 권격(權格)이고, 송준길(宋浚吉)·송시열(宋時烈)의 문인이다. 그는 기호학파의 정통 계승자이며, 인물성동이논쟁(人物性同異論爭)인 호락논변(湖洛論辨)이 일어나게 되는 계기를 마련하였으며, 저서로는 『한수재집(寒水齋集)』, 『삼서집의(三書輯疑)』 등이 있다.
2) 원문의 아관박대(峨冠博帶)는 높은 관과 넓은 띠라는 뜻으로, 선비의 의관을 이르는 말이다.
3) 문순공은 한수재 권상하의 시호이다.

조상서의 특별 사면 소식을 듣고

산 단풍과 물가 갈대가 나날이 시들어 가고
심사心事는 가을이 와도 편안하지 않았네.
마부[1]가 전하는 말에 미간이 갑자기 펴지니
임금의 은혜로 조상서가 특별 사면되었다네.

 황강의 주막집에 이르자 조득영[2]이 임금의 은혜를 입어 방환되어 향리로 돌아갔다는 소문을 들었다.

山楓水葦日森踈, 心事當秋不自如.
馬首人來眉忽啓, 天恩新赦趙尙書.
 行至黃江店舍 聞趙台得永蒙恩放還田里.

---

1) 원문의 마수인(馬首人)은 마두(馬頭)와 같은 말로 역마(驛馬)에 관한 일을 맡아보는 사람, 사행(使行)의 수행원 등을 말한다.
2) 조득영(趙得永, 1762~1824)은 조선 후기의 문신으로 본관이 풍양(豊壤)이고 자는 덕여(德汝)이며 호는 일곡(日谷)이고 시호는 문충(文忠)이다. 아버지는 서윤(庶尹) 조진명(趙鎭明)이고, 어머니는 이익진(李翼鎭)의 딸이다. 1789년 정시문과에 장원급제하여 벼슬이 형조판서에 이르렀다. 1812년 척신 박종경(朴宗慶)의 비위를 상소했다가 도리어 척신을 모함한다는 죄를 받아 진도 금갑도(金甲島)에 유배되었다가 1819년 여러 대신과 삼사 관원들의 청원으로 오랜 유배 생활에서 풀려났다.

권의인의 집을 찾아 가다

물가의 초가집 거룻배보다 작고
예전처럼 책들이 책상위에 놓여 있네.
만수산은 단풍이 꽃처럼 둘러있는데
양담羊曇이 서주로를 지나친 듯하네.[1]

    자가 의보義甫인 권의인[2]어른은 나와 망년의 우의가 있었다. 존망存亡의 감정을 이기지 못하여 쓸쓸하였다.

臨江茅屋小於舟, 依舊圖書案上留.
萬樹山楓花樣繞, 羊曇恰是過西州.

    權宜仁義甫丈 與余有忘年誼. 存沒之感 不勝悵然.

---

[1] 양담이 … 하네 : 작자가 망년지의를 맺은 권의인 생각으로 단풍 구경에 몰입하지 않고 지나친 것을 말한다. 양담(羊曇, ?~?)은 중국 동진(東晉) 태산(太山) 사람으로 사안(謝安)의 조카이다. 그는 사안이 죽자 여러 해 좋아하던 음악을 멀리했고 서주로(西州路) 밖으로 나오지 않았으며, 일찍이 크게 취했다가 모르는 사이에 주문(州門)까지 이르렀는데, 슬픈 감정을 주체할 수 없었다고 한다.
[2] 권의인(權宜仁, ?~?)은 본관이 안동이고 자가 의보(義甫)이며, 영조 때의 산림인 산수헌(山水軒) 권진응(權震應, 1711~1755)의 손자이다. 이외에 자세한 이력은 알 수가 없다.

가난한 황강 마을

장마가 끝난 촌마을엔 올해도 흉년 들고
늦무는 작고 배추는 갈잎 졌다는 들렌 소리뿐
안타깝게 널리 얻을 수 있는 복도 없는데
문밖의 맑은 시내만 한줄기로 길게 흐르네.

　이날 황강이 주막에서 유숙하며 눈에 보이는 현실을 기록했다.

霖後村家歲計荒, 晚菁嘈哂早菘黃.
憐渠博得無多福, 門外淸溪一道長.
　是日留宿黃江店舍 偶書觸目記實.

권의인의 막내아들을 만나다

고인의 막내아들 머리털 검푸르고
난초 싹과 손아孫芽들 눈앞에 가득[1]
20년 동안이나 살아서나 죽어서나 쌓인 한恨으로
두 눈에 샘처럼 터져 나오는 눈물 참을 수가 없네.

권씨 어른[권의인]의 막내아들 용즙用楫[2]은 이미 늙은이가 되었고, 아들 다섯은 장성하여 결혼하였다.

故人穉子髮蒼然, 蘭茁孫芽滿眼前.
二十年來存沒恨, 不堪雙淚迸如泉.

權丈季子用楫已老蒼 有子五人 長已成娶.

---

1) 난초 싹 … 가득 : 훌륭하게 자란 자식과 손자들이 많은 것을 말한다. 난줄(蘭茁)은 난초의 싹으로 훌륭하게 성장한 권용즙의 다섯 아들을 가리킨다. 손아(孫芽)는 식물에서 나온 싹의 밑둥에서 나오는 동자싹으로 손자를 말한다. 중국 당나라 문인인 한유(韓愈)가 지은 〈전중소감마군묘명(殿中少監馬君墓銘)〉에 "어린 아들은 아름답고 예쁘며 조용하고 빼어나서 옥가락지나 옥귀고리와 같고 난초의 싹이 돋아난 것과 같으니, 그 집안의 아들에 걸맞았다.(幼子娟好靜秀 瑤環瑜珥 蘭茁其芽 稱其家兒也)"라고 하였다.
2) 권용즙(權用楫, 1784~?)은 본관이 안동이고 자는 석오(錫五)이며 아버지는 권의인(權宜仁)이다. 음직으로 가감역(假監役)을 역임하였으며 그의 아들인 권경선(權敬善)은 김려의 둘째 사위이다.

조카 이제은 소식

책 상자 메고 스승 찾아 덕행을 닦았고[1]
임금 사랑과 지기志氣는 남들보다 뛰어났네.
이번 길은 보고 즐기려고 가는 유람 아닌데
애석하게도 동쪽으로 오니 훌륭한 주인이 없네.

    길에서 조카인 이제은[2] 치천이 지평[3]으로 호가 죽장竹莊인 이우신李友信[4] 징군徵君[5]을 방문하러 갔다는 소식을 들었다.

負笈尋師欲潤身, 愛君志氣邁凡倫.
此行不爲游觀樂, 恨失東來好主人.
    路聞李侄濟殷穉川往砥平 爲拜李竹莊徵君.

---

1) 원문의 윤신(潤身)은 덕을 쌓아서 몸에 광채를 입힌 듯이 훌륭하게 하는 것을 말한다.
2) 이제은(李濟殷, ?~?)은 본관이 덕수(德水)이고 자가 인여(仁汝)이며 호가 치천(穉川)이고 아버지는 이우신(李友信)이다. 그는 이항노(李恒老) 등과 아버지의 학맥을 잇는 기호학파의 유자(儒者)로서 문하에 유인석(柳麟錫) 등을 배출하였다.
3) 지금의 경기도 양평군 지평면 일원을 말한다.
4) 이우신(李友信, 1762~1822)는 조선후기 경연관, 서연관 등을 역임한 문신·학자로 본관이 덕수(德水)이고 자는 익지(益之)이며 호는 문원(文原)·죽촌(竹村)·수산(睡山)이다. 이조판서 이식(李植)의 후손으로 김양행(金亮行)의 문인이다. 그는 학문이 깊고 지식이 해박하여 사람들로부터 존경을 받았으며, 저서로『수산유고(睡山遺稿)』가 있다.
5) 징군(徵君)은 징사(徵士)라고도 하며, 조정에서 초빙한 학덕이 높은 선비에 대한 존칭이다.

이복현의 편지를 받고

새벽녘 처마엔 까치 울고 개는 대바자에서 짖고
본관 나졸들 집 앞에서 시끄럽네.
서창[1]가는 길, 먼저 편지가 와서
석현[2]이 보내온 편지 촛불 밝히고 읽네.

> 새벽에 일어나 불을 켜자 본부 사령이 석현[이복현]의 편지를 전해주는데 막 서창역을 나설 참이었다. 내가 왔다는 소식을 듣고 안부를 물었다.

簷鵲晨喧犬吠笆, 本官邏卒鬧前家.
西倉行路先通信, 石見書來照燭花.
　晨覺點燈 本府使令傳石見書 方出站西倉. 聞余來有問.

---

1) 서창은 지금의 충청북도 제천시 한수면 서창리 일원이다.
2) 석현(石見)은 이복현의 호이다. 이복현(李復鉉, 1767~1853)은 조선후기 문신으로 본관이 전주이고 자가 현심(見心)이며 호는 석현루(石見樓)이다. 능원대군 이보(綾原大君 李俌)의 5대손이다. 1786년(정조 10) 참봉으로 관직생활을 시작하여 비인현감·고성군수를 거쳐 1817년(순조 17) 청풍부사가 되었으며, 뒤에 첨지중추부사에 올랐다. 저서로는 『석현루시초(石見樓詩鈔)』가 있다.

경심령을 넘으며

경심령[1]은 새들도 쉬어 넘는 고개
지나는 사람은 가슴 쓸고 별을 딸 수 있다네.[2]
나는 귀문관의 험로를 한없이 겪었으니[3]
세상 어디 곳인들, 어찌 다시 마음 졸이겠는가?

　황강[4]으로부터 본부에 들어가는 길에 가로막힌 한 고개가 매우 험하여 '경심령'[5]이라고 하였는데, 함경도의 삼가령[6]과 비슷했다.

驚心嶺上鳥休臨, 行者捫膺摘井參.
我飽鬼門關路險, 世間無處更驚心.

自黃江入本府 閒扄一嶺甚險峻 名驚心 似北路之三家嶺.

---

1) 경심령(驚心嶺)은 지금의 충북 제천시 청풍면 연론리에 있는 고개로 조선시대 청풍부의 관행로(현재의 국도)로 였다. 『신증동국여지승람』에 "가라현(加羅峴)은 군 서쪽 16리에 있는데, 지극히 험하고 막히었다"고 하였다.
2) 정삼(井參)은 정성(井星)과 삼성(參星)을 통칭하는 말이다. 정성은 이십팔수(二十八宿)의 21번째 별로 서양 별자리의 토끼자리에 속하는 별들 가운데 4개의 별로 이루어졌다. 삼성은 이십팔수 가운데 21번째 별자리의 별들로 오리온자리에 있으며, 중앙에 나란히 있는 세 개의 큰 별을 '삼형제별'이라고 한다.
3) 나는 … 겪었으니: 작자인 김려가 강의천의 비어사건에 연루되어 북변인 부령에서 5년 동안 생사를 다투는 유배생활을 한 것을 말한다. 귀문관은 음양오행설에서 귀신이 출입하는 문이라는 뜻이지만 의미가 전성되어 '생사의 갈림길'이란 의미로 활용된다.
4) 황강은 지금의 충청북도 제천시 한수면 송계리에 흐르는 남한강의 별칭이다.
5) 경심령은 충북 제천시 청풍면 연론리 서쪽에 있는 가라현이라고도 불리는 고개이다. 고개가 어찌나 험한지 가마꾼들이 가마를 메고 넘어갈 수가 없어 가마에 끈을 매달아 앞에서 끌어당기며 넘었다고 해서 붙여진 이름이라 한다.
6) 함경남도 함주군에 있는 고개로 쌍령이라고도 한다.

한수재에서 술을 마시다

흰 찹쌀로 새로 빚은 술 잔잔한 향이 나고
다래가 말랑말랑 익어가고 송이가 돋아났네.
주인은 밤새도록 술자리 베풀기 좋아하여
특별히 강가에서 두 자 넘는 물고기를 사왔네.

 이날 밤 생원 권용즙이 세마[1]인 평일[2]과 함께 술을 가지고 모여 한수재[3] 고택에서 마셨다.

霜稌新醪瀲灩濃, 猴桃軟熟髻松茸.
主人風味終宵讌, 另買江頭二尺鱅.
 是夜 權生用楫 與平一洗馬 持酒會飮于寒水齋古宅.

---

1) 세마(洗馬)는 조선시대 세자익위사(世子翊衛司)에 정9품 잡직으로 좌세마(左洗馬)·우세마 각 1명씩 두었다.
2) 평일(平一)은 권용만의 자이다. 권용만(權用萬, 1781~?)은 본관이 안동이고 자는 평일(平一)이며 청양(靑陽) 현감 겸 홍주진관 병마절제도위 권최인의 아들이다. 1813년(순조 13) 진사시에 합격하여 음직으로 포천현감, 예천 군수 등을 역임했다.
3) 한수재는 권상하의 호이다.

연산의 조홍시 早紅柿

긴긴 날 말을 모니 타로신[1]도 게으름 피우고
안장에서 떨어져 늙고 병든 신세 한탄하네.
사군使君[2]이 겨우 수인사 마치자마자
먼저 연산에 조홍시[3]가 익었냐고 물어보네.

    석현[4]이 감을 좋아하여 안부 인사[5]를 나누자마자 나에게 술을 권하며 먼저 조홍시를 가져왔냐고 물었다.

長日馳驅打路慵, 墮鞍自歎奄衰翁.
使君纔罷寒暄後, 先問連山早柿紅.
    石見嗜柿 纔寒暄 勸余酒 先問駄來早紅與否.

---

1) 타로신(打路神)은 장송 행렬의 맨 앞에 세워 사귀를 쫓게 하는 방상두(方相頭)와 기두(魁頭)를 이르는 말이나 이 시에서는 앞길을 안내하는 신을 말한다.
2) 원문의 사군(使君)은 주(州), 군(郡)의 장관에 대한 존칭으로 이 시에서는 청풍부사 이복현을 가리킨다.
3) 조홍시는 감의 일종으로 다른 종류보다 일찍 익고 빛깔이 매우 붉다.
4) 석현(石見)은 이복현의 호이다. 이복현(李復鉉, 1767~1853)은 조선후기 문신으로 본관이 전주이고 자가 견심(見心)이며 호는 석현루(石見樓)이다. 1786년(정조 10) 참봉으로 관직생활을 시작하여 비인현감 · 고성군수를 거쳐 1817년(순조 17) 청풍부사가 되었으며, 뒤에 첨지중추부사에 올랐다. 저서로는 『석현루시초(石見樓詩鈔)』가 있다.
5) 원문의 한훤(寒暄)은 한훤문(寒暄問)의 준말로 날씨가 춥고 더움을 물어보는 것으로, 편지의 첫머리에 쓰는 절후(節候)의 문안(文案), 곧 서로의 안부를 물을 때 하는 말이다.

한벽루寒壁樓 밤놀이

새로 빚은 포도주, 새파랗게 거품 일고
살짝 데친 송이버섯에다 붉은빛 송어회
가을 이후 오늘 밤 놀이가 가장 즐거우니
한벽루[1] 위엔 상쾌하게 달이 밝구나.

　한밤중 석현[이복현]과 한벽루에서 놀았는데, 주인이 빚은 산포도주가 매우 맛있었다.

新釀蒲桃醱鴨靑, 嫩燖松蕈錦鱗鮮.
秋來最勝今宵樂, 寒碧樓中月爽明.
　夜深 與石見游寒碧樓 主人釀山葡萄酒 甚美.

---

1) 한벽루는 충청북도 제천군 청풍면 물태리에 있는 조선 시대의 누각이다. 고려 말인 충숙왕 4년(1317)에 청풍현 출신의 승려 청공(淸恭)이 왕사(王師)가 되면서 청풍현이 청풍군으로 승격되었는데, 이때 이를 기념하기 위하여 청풍현 객사 동쪽에 이 누각을 건립하였고, 조선 태종때 군수 정수홍(鄭守弘)이 중건했다.

의림지를 찾아가다

네 고을의 강산이 서로 절경이라고 외치는데
가장 뛰어난 곳이 의림지라고 말들을 하네.
연산고을[1] 공무는 온전히 한가한 일뿐이라
비를 무릅쓰고 올라와 나 홀로 시를 쓰네.

9일 비를 무릅쓰고 제천에 갔다. 의림지[2]를 가는데, 제천군수 김치규[3]가 술을 보내왔다.

四郡江山叫絶奇, 先頭人說義林池.
黃城監務渾閒事, 冒雨來登獨寫詩.
　初九日 冒雨往堤川. 因向義林池 堤川倅金稘奎送酒.

---

1) 원문의 황성(黃城)은 황산성의 다른 말로 작자가 현감으로 재임하고 있는 연산을 가리킨다. 연산에는 계백장군이 거느린 5천의 백제군이 김유신이 거느린 12만의 신라군을 맞서 싸우다 장렬히 전사한 황산성이 있다.
2) 의림지는 충청북도 제천시 모산동에 있는 저수지이다. 의림지는 우리나라의 대표적인 수리시설 중의 하나로, 조성 연대는 확실하지 않으나 삼한시대부터 있었던 것으로 알려져 있다.
3) 치규는 김기서의 자이다. 김기서(金箕書, ?~?)는 본관이 청풍(淸風)이고 자는 치규(稚圭)이며 호는 이호(梨湖)·낭간거사(琅玕居士)이다. 아버지는 첨지중추부사(僉知中樞府事) 김상숙(金相肅)으로 생애와 행적 등은 알려져 있지 않다.

우산 이제로의 무덤을 찾다

영호정[1]가엔 바위가 우뚝하게 솟아있고
석자 높이 마렵분[2]처럼 생긴 무덤 하나
호랑이를 수놓은 문장은 찾을 곳 없으니
두 눈에 눈물 흐르는 것 참을 수가 없구나.

    우산愚山 이제로[3]는 자가 유여幼輿이며 청풍의 관아에서 죽어서 의림지 위에 장사를 지냈다. 영호는 의림지의 정자 이름이다.

暎湖亭畔石龍嵸, 三尺孤墳馬鬣封.
繡虎文章無覓處, 不堪雙眼淚溶溶.
    李愚山濟魯幼輿沒於淸風衙中 葬義林池上. 暎湖池亭名.

---

1) 영호정(暎湖亭)은 제천향토문화자료 제12호로 충북 제천시 모산동 의림지 남쪽 제방 위에 위치하여 조선 순조 7년(1807) 이집경이 건립한 후 6.25 전쟁으로 파괴된 것을 그 후손인 이범우가 1954년에 중건하였다. 화강암 주춧돌 위에 건축된 목조 단층의 정자로 건평이 4평이며, 팔작지붕에 정면 2칸, 측면 2칸으로 되어 있다.
2) 원문의 마렵봉(馬鬣封)은 마렵분(馬鬣墳)과 같은 말로 말갈기 형태의 초라한 무덤을 말한다.
3) 이제로(李濟魯, 1789~1816)는 본관이 전주이고 자가 유여(幼輿)이며 호가 우산(愚山)이다. 음직으로 현감 등을 역임했다.

제천 평수당의 밤

죽하[1]의 맑은 기품, 속세 인연 끊고
관아 생활 오히려 신선놀음인 듯
만산홍엽에 비가 새로 지나가니
평수당 깊은 곳엔 달이 특히 둥그네.

   평수당은 제천 관아의 헌각이다. 이원령[2]이 현액했다. 죽하는 자가
   치규인 김기서의 호이다.

竹下淸標絶俗緣, 官居猶得似神仙.
萬山紅葉新過雨, 平峀堂深月另圓.
   平峀堂堤川衙軒. 李元靈額. 竹下穉奎號.

---

1) 죽하(竹下)는 당시 제천군수인 김기서의 호이다.
2) 원령은 이인상의 자이다. 이인상(李麟祥, 1710~1760)은 조선 후기의 서화가로 본관이 전주이고 자가 원령(元靈)이며 호는 능호(凌壺)·보산자(寶山子)이다. 그는 시·서·화에 능해 삼절(三絶)이라 했고, 그림에는 산수(山水), 글씨에는 전서(篆書)·주서(籒書)에 뛰어났으며, 인장(印章)도 잘 새겼다. 저서에 『능호집』, 그림에 설송도(雪松圖), 노송도(老松圖), 산수도(山水圖) 등이 있고, 글씨에 「대사성김식표(大司成金湜表)」가 전한다.

음성현감 신대복

음성 현감이 밤에 나를 초대하니
초면인데도 은근하게 옛 벗보다 낫구나.
듣자니, 올겨울 임기가 만료된다고 하니
골짜기 백성들 분명 송덕의 노래 부르겠지

　17일 관아로 출발하여 음성현[1]에서 묵었다. 현감은 신대복[2]이다.

陰城主倅夜相招, 一面慇懃勝舊要.
聞道今冬苽已滿, 硤民應唱去思謠.
　十七日 發向衙中 宿陰城縣. 主倅申大復.

---

1) 지금의 충청북도 음성군 일원을 말한다.
2) 신대복(申大復, ?~?)에 대한 자세한 이력은 알 수 없으나 『승정원일기』 순조 14년 (1814) 10월 27일 기사에 음성현감에 제수했다는 기록이 있다.

충장공 남연년南延年

작은 고성孤城이 들판 속에 둘러있고
높은 망루엔 호각소리에 저녁햇살 지네.
충장공[1] 유혼이 지금도 있다면
분명 가을 저녁구름 따라 날아가리.

다음 날 점심때쯤 청주역에 도착했다. 청주는 옛날 무신년(1728)에 천영天永[2]이 청주성을 거점으로 반란을 일으키고 병사 이봉상[3]을 살해했으며, 충장공 남연년[4]은 적들에게 죽임을 당했다.

孤城一片野中圍, 吹角危譙當落暉.
忠壯遺魂今有否, 應隨秋色暮雲飛.

翌日午站淸州. 州舊戌申 天永叛據城 殺兵使李鳳祥 南忠壯公延年 以虞侯死之.

---

1) 충장공은 남연년의 시호이다.
2) 천영(天永)은 이인좌(李麟左, ?~1728)를 가리킨다. 그는 1728년 병란을 일으켜 청주성을 함락하고 반군을 이끌고 안성에 이르렀으나 관군에게 대패하여 죽임을 당했다.
3) 이봉상(李鳳祥, 1676~1728)은 조선 영조 때의 무신으로 1702년 무과에 급제하여, 어영대장 등을 지냈으며, 1728년 이인좌가 난을 일으키자 난군(亂軍)에게 붙잡혀 피살되었다.
4) 남연년(南延年, 1653~1728)은 조선 후기의 무신으로 본관이 의령(宜寧)이고, 자는 수백(壽伯)이며 시호는 충장(忠壯)이다. 그는 청주영장으로 재임 중 이인좌가 청주성에서 난을 일으키자, 역도들을 훈계하다 죽임을 당했으며, 시문집으로 『남충장공시고(南忠壯公詩稿)』가 있다.

연산현감을 마치며

연산생활은 바둑판 한 번 뒤집듯 꿈같은 세월
처마에 달이 차고 기울기를 열여덟 차례
정말 옥살이 같은 생활 한없이 다했으니
호기롭게 북산[1]작은 집에 돌아가 쉬리라.

  정축년(1817) 10월 부임하여 기묘년(1819) 3월 파직되어 돌아왔다.

黃城一局夢碁飜, 簷月虧盈十八番.
眞住獄中經劫盡, 浩然歸臥北山樊.

  丁丑十月赴任 己卯三月罷歸.

---

1) 북산(北山)은 북한산, 즉 한양을 달리 이르는 말이다.

벼슬살이의 후회

수령 노릇은 견사와 보장[1]이라는 옛사람의 말
백성을 기르고 나라 걱정이 마음속에 남아있네.
3년 동안 작은 티끌만한[2] 힘도 펴보지 못했으니
부끄럽구나! 신하가 성은聖恩을 저버린 것이

  새로 부임한 도백 박종경[3]과는 세혐世嫌[4]있었는데, 드디어 전임 도
  백[관찰사]의 결재를 받아서 돌아갈 수 있었다.

繭絲保障古人言, 字牧分憂意有存.
三年未效涓埃力, 慚愧微臣負聖恩.
  新道伯朴宗京有世嫌 遂得由舊伯決歸.

---

1) 견사(繭絲)와 보장(保障) : 견사(繭絲)는 백성에게 세금 받기를 마치 누에고치에서 실을 뽑듯이 끝까지 한다는 말이고, 보장(保障)은 백성을 사랑하고 잘 살도록 하여 국가의 보장(保障)이 됨을 말한다.
2) 연애(涓埃)는 물방울과 티끌로 극히 작은 것을 비유한다. 당나라 두보의 〈야망(野望)〉 시에, "늙어가면서 오직 병만 많아지니, 임금 은혜엔 티끌만 한 보답도 못했네.(唯將遲暮供多病 未有涓埃答聖朝)"라는 시가 있다.
3) 박종경(朴宗京, 1761~1821)은 조선후기 문신으로 본관이 반남(潘南)이고 자가 중실(仲室)이며 호는 가재이고 시호는 정간(貞簡)이다. 아버지는 홍문관교리 박재원(朴在源)이고, 어머니는 동지중추부사 이돈중(李敦中)의 딸이다. 1790년(정조 14) 과거에 급제하여 여러 벼슬을 역임하고, 1919년(순조 19) 2월 충청도관찰사로 부임하였으며, 이후 벼슬이 사헌부 대사헌에 이르렀다.
4) 세혐(世嫌)은 두 집안 사이에 대대로 풀지 못하고 지녀 내려오는 원한(怨恨)과 미움을 말한다.

가보고 싶었던 봉림동

연하와 천석을 도모할 수 없어서[1]
가볼 인연이 있었는데도 가 보질 못했네.
몸은 겨우 봉림 밖 30리에 있었건만
공무에 바빠 한 번도 놀러 가지 못했네.

　봉림동[2]은 연산 읍내에서 30리 거리인데, 지난봄부터 공무가 바빠서 놀러 가는 것을 한 번도 하지 못했다.

烟霞泉石莫相謀, 見在因緣缺陷留.
身到鳳林三十里, 經營未得一番游.
　洞距邑內三十里 自前春經營游賞 未得一往.

---

1) 연하 … 없어서 : 자연을 사랑하여 자연에 돌아가 살고자 하는 것을 말한다. 연하(煙霞)는 연하고질(煙霞痼疾)의 준말이며, 천석(泉石)은 천석고황(泉石膏肓)의 준말로 모두 자연을 지극히 사랑하여 고질병이 된 것을 이르는 말이다.
2) 봉림동은 지금의 충청남도 계룡시 신도안면 일원으로 3군 사령부가 있는 곳이다.

연산 걱정

부로父老들 수레 부여잡고 눈물을 흘리며
백성들 복이 없어 어진 현감을 보낸다고 하네.
이제부터 두마[1]의 저자거리에는
옛날처럼 이리떼들이 대낮에도 노닐겠네.

  두마장은 토호들이 횡행하며 노략질 하는 곳이라 고을에서 제일 바로잡기 어려운 곳이었다.

父老攀車涕泗流, 生靈無福送賢侯.
從今荳市場邊路, 依舊豺狼白晝游.
  荳磨場 是土豪橫行劫掠之處 邑中第一痼瘼.

---

1) 지금의 충청남도 계룡시 두마면 일원을 말한다.

풍뢰헌風雷軒 현판

호강豪强을 없애는 일, 어렵다고 말하지만
곁 사람의 외면만 바라보는 것을 좋아해서라네.
임금의 은혜에 보답한 오직 한 가지 일
'풍뢰헌'이라는 현판을 소반보다 크게 만들어 단 것

　관아의 건물에 옛날에는 편액이 없었으나 내가 부임하여 '위 것을
　덜어서 아래에 더한다.'는 의미로 편액하여 '풍뢰헌'이라고 하였다.

鋤豪抑强或云難, 只好傍人外面看.
報答天恩惟一事, 風雷額字大於盤.
　衙軒舊無扁額 余取損上益下之義 扁曰風雷軒.

그리운 청동리 고사리 맛

거친 나물 백 그릇으로도 배를 채우지 못하고
부평초 같은 떠돌이 인생 석화처럼 빠르구나.
전하는 말에 청동리 산속 고사리가 맛있다던데
올 봄에는 이슬비에 누굴 위해 자랄거나?

> 산나물은 읍내에서 5리 거리인 청동리[1]가 유명했다. 고사리가 더욱 살지고 맛있다.

黃虀百甕未充腸, 聚散浮萍石火忙.
寄語靑銅山裏蕨, 今春雨露爲誰長.
　山蔬産本邑 距五里谷名靑銅. 薇蕨尤肥美.

---

1) 청동리(靑銅里)는 충청남도 논산시 연산면에 있는 리로 연산역이 있다.

개태사 감나무

늦가을 절간의 감나무에 감이 빛나고
붉고 누렇고 푸른 감들 일시에 향기롭네.
개태사 골짜기엔 삼천 그루 감나무
어떻게 하면 한양에 가지고 가서 심을 수 있나?

> 고을에서 나는 감은 품질이 좋은 것이 매우 많다. 개태사[1] 옛터에는 많은 인가가 감나무를 심어서 생업으로 하였는데, 맛이 매우 뛰어났다.

秋後名園柿實光, 朱黃紅碧一時香.
上開泰谷三千樹, 安得携歸種漢陽.

> 邑産柿 名品甚衆. 開泰寺故基 多人家 種柿爲業 甚佳.

---

1) 개태사(開泰寺)는 충청남도 논산시 연산면 천호리에 있는 절이다. 고려 태조 19년(936)에 후백제를 황산(黃山)에서 토벌한 기념으로 세웠다.

다시 보고 싶은 편액扁額과 주련柱聯

풍옹[1]이 쓴 두 개 편액엔 광채가 나고

추사[2]가 쓴 세 개 주련엔 묵향이 향기롭네.

아침저녁으로 보고 또 봐도 실증나지 않으니

잊기 쉬운 것이 가장 잊기 어려운 것이라네.

풍뢰헌[3]과 작렴각[4] 두 편액은 풍옹의 글씨이고, 헌청의 기둥에 새긴 주련은 현란玄蘭[5]이 쓴 당唐나라 율시 세 연聯의 여섯 개의 판자이다.

楓翁兩扁彩毫光, 蘭史三聯翠墨香.

朝晝相看看未厭, 不難忘處最難忘.

風雷軒酌廉閣兩扁 楓翁大字 軒柱刻銍 玄蘭書唐律三聯六片.

---

1) 풍옹(楓翁)은 김조순의 호이다. 김조순(金祖淳, 1765~1832)은 조선 후기의 문신으로 본관이 안동(安東)이고 초명은 낙순(洛淳)이며 자는 사원(士源)이고 호는 풍고(楓皐)이며 시호는 충문(忠文)이다. 영의정 김창집(金昌集)의 4대손이고, 아버지는 부사 김이중(金履中)이며, 어머니는 신사적(申思迪)의 딸이고, 순조의 장인이다. 1785년 문과에 급제하여 양관대제학에 이르렀다. 그는 시·벽의 당파나 세도의 풍을 형성하지 않으려고 노력했음에도 불구하고, 그를 둘러싼 척족 세력들이 후일 안동 김씨 세도정치의 기반을 조성하는 결과를 초래하였다. 저서로 『풍고집(楓皐集)』이 있다.
2) 난사(蘭史)는 추사 김정희의 다른 호이다.
3) 풍뢰헌(風雷軒)은 주역의 풍뢰익괘(風雷益卦)에서 '바람이 세차면 우뢰도 빠르고 우뢰가 거세면 바람도 억세다'는 바람과 우뢰의 상보상성(相輔相成)에 따라 사람은 착한 것을 보면 빨리 옮겨 실천하고 허물이 있으면 빨리 고쳐야 한다는 의미이다.
4) 작렴각(酌廉閣)은 '청렴에 취하다'라는 뜻으로 현감을 비롯한 관리들이 늘 청렴할 것을 다짐한다는 의미이다.
5) 현란(玄蘭)은 추사 김정희가 24세 무렵에 쓴 호이다.

손수 심은 포도나무

한겨울 청포도 나무를 옮겨 심는데
도 별감 집에서 높은 가격을 부르네.
청명시절 처음으로 흉내 내어 지지대 세우며
세상이 다 아는 그윽한 풍취, 범부들에게 의지하네.

　별감 도중환의 집에는 자색, 흑색, 청색으로 익는 포도나무가 있다.
　각각 가지 하나를 사서 현청의 뜰 앞에 꽂았는데 모두 살았다.

仲冬移植碧蒲桃, 都別監家索價高.
準擬淸明初上架, 公然幽趣付凡曹.
　別監都重渙家 有紫黑靑三色蒲桃. 各買一枝 揷庭前皆活.

연산을 떠나기 전 마지막 밤

처자식을 서울로 모두 돌려보내니
늙은 스님처럼 할 일 없어 이 한 몸 편안하네.
풍경[1]도 잠든 깊은 밤, 홀로 앉아 있는데
월은암 서쪽에서 풍경소리만 떠오네.

> 공문서를 정리한 후 먼저 아내를 서울 집으로 보냈다. 월은암은 현청 뒤에 있는 절 이름이다.

除却妻兒送洛京, 老禪無事一身淸.
夜深獨坐簷鈴靜, 月隱菴西泛磬聲.
　修簿後 先治送內行于京第. 月隱菴邑後寺名.

---

[1] 원문의 첨령(簷鈴)은 처마 끝에 다는 작은 종으로 풍령(風鈴), 또는 풍경(風磬)이라고 한다.

(발문) 간성춘예집 뒤에 쓰다.

옛날 아버지의 친구로 향시에 장원하신 신도삼辛道三[1] 중사重斯 어른께서 매번 시 한 련聯으로 하루의 일을 기록하였다. 예를 들면, "왕상[2]의 집안엔 세 그루의 회화나무, 진나라 신하[3]의 대문밖엔 다섯 그루의 버드나무. 수많은 나무가 늦여름을 지키고, 여러 산봉우리가 호수를 감쌌네. 일생동안 바른 도를 행하다가, 만 번 죽을 고비를 넘기고 횡성에 이르렀네. 만 장의 푸른 기와집을 굽어보니, 마치 또 한 사람의 도주공陶朱公[4]의 집인 듯."이라고 읊었다. 모두 정밀하고 적절하여 좋아할 만했다.

신공이 죽은 후 집안도 가난하고 자손들이 모두 지혜롭지 못하여 저술이 전해지지 못했다. 내가 연산에 있을 때, 날마다 절구絶句 한 수로 하루의 일을 기록했었는데, 글들이 모두 비리鄙俚하여 볼만한 것이 없었다. 파면되어 돌아갈 때 옷상자를 뒤져보니 흐지부지 잃어버린 것이 거의 절반이나 되었고 남은 것이 거의 없었다. 그러나 버리기가 끝내 아까워서 대략 편차를 하여 총서 속에 넣어서 훗날 잠을 쫓는 자료로 삼으려고 한다.

경진년(1819) 늦가을 9월 9일
담옹[김려]이 쓰다.

題艮城春囈集卷後

昔余父友辛解元道三重斯丈 每以一聯記一日之事. 如三槐王相宅 五柳晉臣門. 萬木當三夏 羣巒擁一湖. 一生行直道 萬死到橫城. 俯瞰萬瓦碧 疑是一陶朱. 皆精切可喜.

辛公歿而家貧 子孫皆不慧 所著述皆不傳. 余在黃山日 以一絶記事 詞皆鄙俚無可觀. 及罷歸 拾諸巾衍 闊失者過半 其餘存無多. 然棄之終可惜 遂畧加序次 入之叢書中 以備他日破睡之資云爾.

庚辰 季秋 壬戌 重九

簿翁書

---

1) 신도삼(辛道三, ?~?)은 본관이 영산이고 자가 중사(重斯)이다. 그에 대한 자세한 이력은 알 수 없고, 『승정원일기』 1758년(영조 34) 11월 10일조에 유학(幼學)으로 나온다.
2) 왕우(王祐)는 송(宋) 나라 사람으로, 뜰에 3그루의 괴목(槐木, 회화나무, 홰나무)을 심고 자손에서 삼공(三公)의 지위에 오르는 후손이 날 것을 예언했던 바, 과연 그 아들 단(旦)이 정승이 되었으므로 후손들이 삼괴당(三槐堂)을 지어 기렸다.
3) 도연명(陶淵明, 365~427)은 중국 동진(東晉)말기 부터 남조(南朝)의 송대(宋代)초기에 걸쳐 생존한 중국의 대표적 시인으로 이름이 잠(潛)이고 자는 연명 또는 원량(元亮)이며 문 앞에 버드나무 5 그루를 심어 놓고 스스로 오류(五柳) 선생이라 칭하기도 하였다. 그는 기교를 부리지 않고, 평담한 시풍이었기 때문에 당시의 사람들로부터는 경시를 받았지만, 당대 이후는 6조(六朝) 최고의 시인으로서 불렸다. 주요 작품으로 「오류선생전」, 「도화원기」, 「귀거래사」 등이 있다.
4) 도주공(陶朱公)은 중국 전국시대 월왕(越王) 구천(句踐)의 신하였던 범여(范蠡)를 말한다. 그는 재산을 모으는 재주가 있어 많은 재산을 모아 부호의 표본으로 일컬어진다.

해제

담정 김려와 『황성이곡』

해제

담정薄庭 김려金鑢와
『황성이곡黃城俚曲』

1. 담정 김려의 생애

담정 김려金鑢(1766~1821)는 조선 후기 연산현감, 함양군수 등을 역임한 문신으로 본관은 연안이고 자가 사정士精이며 호는 담정薄庭이다.

담정의 본관인 연안 김씨의 시조는 신라 종성宗姓으로서 왕에게 직간을 하였다가 도리어 왕의 미움을 사서 지금의 황해도 연안인 시염성으로 유배된 분의 먼 후손으로, 고려 명종 때 문과에 급제하여 국자감 사문박사를 지낸 김섬한金暹漢을 시조로 삼는다.[1]

시조인 김섬한 이후부터 담정 김려에 이르는 세계世系는 아래와 같다.

---

1) 金訢,『顔樂堂集』, 한국문집총간 15, 263면,「世系」, 金氏系出新羅宗姓. 初 兄弟二人 在國 直諫忤王 流遠地 遂除籍. 兄居北濱京 弟居豉鹽城 因家焉. 高句麗時 冬參忽地稱 豉鹽城 後改海皐郡 隷西海道. 高麗改號鹽州 恭愍朝 改延安府. 今因之 國子博士諱暹漢 是其後孫. 由博士公以上 世遠無籍 不可考.

```
    始祖              2              3            4            5
  김섬한(金暹漢) ─ 三준린(俊麟) ─ 경성(景成) ─ 二우(祐) ─ 二광후(光厚)
  國子監四門博士
  ┌─────────────────────────────────────────────────────────────┐
        6              7              8            9           10
  ─ 二도(濤) ──── 자지(自知) ──── 六해(侅) ── 우신(友臣) ── 三전(詮)
  ┌─────────────────────────────────────────────────────────────┐
       11             12             13           14           15
    안도(安道) ── 三오(祦) ── 二제남(悌男) ── 래(琜) ── 二군석(君錫)
  ┌─────────────────────────────────────────────────────────────┐
       16             17             18           19           20
  ─ 五은(殷) ── 二상정(相丁) ── 二희(熺) ── 재칠(載七)    려(鑢)
                                                               │
                                                             선(鐥)
                                                               │
                                                             황(鎤)
                                                               │
                                                           이헌승(李憲承)
```

※ 이름 앞의 한자는 아들의 순서를 말한다.

  연안 김씨는 시조인 김섬한金暹漢이 국자감 사문박사를 역임했고, 그의 현손玄孫인 6세 김도金濤(?~1379)가 1362년 문과에 급제하여 벼슬이 밀직제학密直提學에 올랐으며, 김도의 아들인 7세 김자지金自知(1367~1435)는 우왕禑王 때 과거에 급제하여 형조판서까지 올라 가문의 기틀을 다졌다.

  조선조에 들어와서 김자지의 손자 9세 김우신金友臣(1424~1510)이 1453년 사마시에 합격하여 호조참의에 올랐고, 그의 첫째 아들 김심金諶(1445~1502)이 지중추부사를 역임하였으며, 둘째 아들 김흔金訢(1448~1487)이 진사시와 정시에 장원급제하여 공조참의에 이르렀고, 김흔의 아들인 김안로金安老(1481~1537)가 좌의정에 이르렀으며, 담정의 직계 선조인 셋째 아들 김전金詮(1458~1523)은 1489년 문과에 장원급제한 후 여러 요직을 거쳐 영의정에 올라 연안 김문金門이 명문가의 반열에 올렸다.

하지만 김전의 증손자인 13세 김제남 대에 이르면 가문이 옥사獄事를 당하여 쇠락의 길로 접어든다. 김제남金悌男(1562~1613)은 둘째 딸이 선조宣祖의 계비인 인목왕후仁穆王后가 되자 연흥부원군에 피봉되었으나, 1613년(광해 5) 이이첨李爾瞻 등이 인목왕후 소생인 영창대군永昌大君을 추대하려 했다는 모함으로 일으킨 계축옥사癸丑獄事로 사사賜死되었다가 1616년 폐모론廢母論이 일어나면서 다시 부관참시되었으며, 1623년 인조반정仁祖反正 이후 관작이 복구되고, 왕명으로 사당이 세워졌다. 또한 담정의 6대조인 김래金琜(1576~1613)는 1606년 생원시에 합격하여 관직에 나아가 청주목사에 이르렀으나 아버지 김제남과 함께 계축옥사에 피화被禍되어 동생인 김규金珪(1596~1613)와 함께 옥중에서 죽었다.

이후 가문이 급격히 기울어 담정의 5대조인 김군석金君錫(1606~1686)은 80세 이상의 노인들에게 수직壽職으로 내려주는 명예직인 절충장군첨지중추부사에 올랐고, 4대조 김은金濦(1647~1718)은 장녕전 참봉을 역임하였으며, 증조부 김상정金相汀(1674~1704)은 출사를 하지 못했다. 더욱이 조부인 김희金爔(1701~1774) 대에 이르면 본가는 물론 처가와 외가 등이 모두 신임사화辛壬士禍에 연루되어 집안이 더욱 몰락의 길을 걷게 되었다가,[2] 부친인 김재칠金載七(1737~1799) 대에 와서야 겨우 음직蔭職으로 용담현령에 나아가게 될 정도로 가문의 세가

---

2) 김려,『藫庭遺藁』, 한국문집총간 289, 569면,「答李益之書」, … 洎于王考 甫及髫齓 又遭外氏辛壬之變 禍延三族 靡有孑遺. 曾祖王母 提挈幼兒 零丁孤苦 流落鄕土. 當是時 吾宗之不至夷滅 凜如綴旒.

기울었다.

담정 김려는 1776년 아버지 김재칠金載七과 어머니 전주이씨 사이에서 3남 1녀 가운데 장남으로 태어났다.

담정의 대표적인 이력은 아래의 표와 같다.

서기	왕력	나이	내용
1766	영조 42	1	3월 13일 태어나다
1780	정조 4	15	성균관에 들어가서 패사소품체(稗史小品體)의 문장을 익혔으며, 그의 명성이 널리 알려졌다.
1792	정조 16	27	진사시에 급제, 이옥(李鈺)과 함께 단부(短賦)를 지었고, 김조순(金祖淳)과 함께 자신의 작품을 모아『우초속지(虞初續志)』라는 패사소품집을 내다
1797	정조 21	32	부친이 전라도 용담현령으로 나갈 때 배행하여 연산의 김희(金憙)를 뵙고 오다. 11월, 강이천의 비어사건(飛語事件)에 연좌되어 경원부에 유배되는 도중 특명으로 부녕으로 이배(移配)되다
1801	순조 1	36	4월, 천주교도인 강이천 등과 교유했다는 죄목으로 다시 형신(刑訊)을 받고 진해로 이배되다.
1806	순조 6	41	10월, 아들의 상소로 10년간의 유배 생활에서 풀려나다
1807	순조 7	42	아버지 상에 추복(追服)하다.
1808	순조 8	43	여릉(廬陵, 여주)의 촌장(村莊)에서 서울로 올라와 여사(旅舍)에 머물다.
1811	순조 11	46	여주에서 서울 삼청동으로 이사오다.
1812	순조 12	47	의금부에서 처음 벼슬살이를 시작하다.
1816	순조 16	51	겨울, 정릉(靖陵) 참봉으로 전임하다.
1817	순조 17	52	경기전 영(令)으로 옮겼다가, 10월 연산 현감이 되다.
1819	순조 19	54	3월, 연산 현감에서 체직되어 돌아오다.
1820	순조 20	55	12월 함양군수가 되다.
1821	순조 21	56	9월 16일, 함양 군수로 재임 중 졸하다

추복표시석　　　　　　　　　김재칠묘(위)와 김려묘(아래)

　담정은 타고난 자질이 명석하여 그의 나이 15세인 1780년 성균관에 들어가서 당시에 유행하던 패사소품체稗史小品體의 문장을 익혔고, 김조순金祖淳과 『우초속지虞初續志』라는 패사소품집을 냈으며, 이옥李鈺 등과 활발한 교유를 하면서 소품체 문장의 대표적 인물로 주목을 받았다. 그러나 담정은 타고난 병약함으로 각기脚氣와 현훈眩暈 등을 시달려서 동생과 봉은사, 청량산 국청사 등을 찾아다니며 질병의 치료와 독서를 병행하였으나 과거에는 크게 관심이 없었고, 새로운 글쓰기에 집중하느라 27살이 되어서야 진사시에 합격하였다.

　담정은 그의 나이 32세인 1797년 강이천의 비어사건飛語事件에 연좌되어 부령으로 유배되었고, 1801년 천주교도인 강이천 등과 교유했다는 죄목으로 다시 형신刑訊을 받고 진해로 이배되었다.

　그는 유배지에서 자신과 출신 성분이 다른 민중들과 함께 어울리며 간고艱苦한 유배생활을 견뎌냈다. 담정은 유배지에서 지방의 자제

들을 가르치면서 필화를 당하기도 했지만 진해 어민들의 도움으로 우리나라 최초의 어류서인 『우해이어보牛海異魚譜』와 부령에서 자신을 도와주었던 연희와 같은 민초들을 그리워하는 내용을 담은 『사유악부思牖樂府』 등을 지었다.

담정은 1806년(순조 6) 아들인 진위현 동몽童蒙 김유악金維岳의 상소로 해배되어 10년간의 유배 생활에서 풀려나서 아버지 상에 추복追服한 후 전장田莊이 있는 경기도 여릉(여주)에서 손수 농사를 지어 생계를 꾸렸으며, 1812년 친구인 김조순의 도움으로 가족의 생계를 위해 의금부 말직, 정릉참봉 등에 나아갔으면서도 가난을 면치 못해 야채를 손수 가꾸고 상수리를 주어다 먹는 등, 민초들과 같은 고통스러운 삶을 살았다.

담정은 1817년 10월 연산현감으로 부임하여 1819년 3월까지 18개월간 근무하였다. 그의 연산생활은 유배기간 중 생긴 질병으로 여전히 고통스럽기는 했지만 정신적으로나 경제적으로 한결 여유로워져서 공무의 일환과 사적인 여행으로 연산현의 현내는 물론 연산과 가까운 은진현의 시진포(논산), 연산현의 상급 관청인 공주목이 있는 공주, 충청도 동부 지역인 단양, 충주, 제천, 음성 등지를 유람하기도 하였다. 담정은 연산현감을 재임하며 연산을 비롯한 충청도 지방의 인정세태, 풍속, 유적, 자연 경관 등을 시화한 『황성이곡』을 저술하였다. 담정은 1819년 3월 연산현감의 임기를 마치고 서울 집으로 돌아왔다가 다시 1820년 12월 함양군수로 나갔다가 1821년 9월 임지에서 삶을 마감하였다.

담정은 저서로 『담정유고』 12권이 있고, 자신과 주위 문인들의 글을 교열하여 『담정총서』 17권을 편집하였으며, 진해 유배지에서 지은 『우해이어보』는 정약전丁若銓의 『자산어보茲山魚譜』와 함께 우리나라 어보의 쌍벽을 이룬다.

2. 담정 김려의 문학관

담정 김려(1766~1822)가 살았던 조선 후기는 시장 경제의 발달과 신분 질서의 동요 등, 정치, 경제, 사회적 변동이 극심한 시기였다. 이러한 변동은 문학에 있어서도 많은 변화를 가져왔다. 즉 문학의 작가층과 향유층이 양반사대부 중심에서 역관을 비롯한 중인층, 심지어 왕태王太와 같은 천민들도 시를 지을 수 있을 정도로 문학의 향유층이 넓어졌다. 또한 종래의 시문학 중심에서 소설, 소품 등에 전문적인 작가가 출현하여 다양한 문학 작품이 선보였다. 나아가 문체도 고문古文 중심에서 소품체小品體라는 새로운 문체가 대두되어 기존의 문체가 흔들리고 새로운 문체가 점점 확산되어갔다.

소품체는 연암 박지원이 이덕무의 문집인 『영처고嬰處稿』의 서문에, "야인野人의 비루함에 안주하고 시속의 자질구레한 것을 즐기는 것이 오늘날의 시이지 옛날의 시가 아니다"[3]라고 하였듯이, 성정의 순화와 왕정王政의 보불黼黻과 같은 담론이 아닌 민중의 경험내지 사소한 일상을 표현하는 것을 말한다. 즉 전통적 문학관인 성정의 도야와 인심의 순화와 같은 풍교風敎의 기능보다는 대중의 경험내지는 체

---

3) 朴趾源, 『燕巖集』 권7, 110면, 「嬰處稿序」, 安野人之鄙鄙, 樂時俗之瑣瑣, 乃今之詩也, 非古之詩也.

험, 일상의 자질구레한 일들을 글로써 드러내는 것을 말한다.

담정이 주로 살았던 18~19세기는 개성이 발휘되고 욕망에 대한 긍정이나 추구 등, 사회적 변화가 일어나기 시작한 시기였다. 그리하여 시대의 변화에 민감한 담정과 같은 문인들은 기존의 문체인 고문古文이 아닌 새로운 글쓰기인 소품체로 당대 현실의 다양한 일상을 세밀하게 사실적으로 묘사하여 아雅와 속俗, 사士와 민民 등 이분법적 구조를 초월한 문장을 짓기 시작한다.

담정은 기존의 글쓰기 방식인 고문古文이 아닌 당시 새롭게 유행하기 시작한 소품체에 많은 관심을 가지고 있었다. 그는 성균관에 입학하기 전에 이미 새로운 글쓰기, 즉 소품체에 경도 되었고, 이미 상당한 수준에 도달하였음을 다음의 글을 통해 알 수 있다.

> 15세인 1780년 성균관에 입학하여 나이가 많은 선배들과 나이를 따지지 않고 사귀어 선배들 사이에서 명성이 자자했다. 이듬해 봄 영남에서 올라온 자가 있었는데, 문체가 이상했었다. 세상 사람들이 묻자 '이것은 모某의 문체이다'라고 하였다. 모某는 바로 선생[담정]이다.[4]

세상 사람들은 그의 문체를 '김려체'라고 하여, 당시에 보편적으로 쓰던 '고문'과 다른 문체로 인식하고 있었다. 여기에서 '김려체'라고 말하는 문체는 다름 아닌 '소품체'의 문체이다. 기실 그는 1792년 성균관에 있으면서 김조순金祖淳과 함께 명·청교체기의 문인인 장조張

---

4) 金鑢, 『藫庭遺藁』 권12, 585면, 〈藫庭遺藁跋〉, 十五游杏庭, 長年老宿, 皆折輩行友之, 名聲藉藉衿紳間. 翌年春, 有從嶠南來者, 文體稍異, 俗人間之, 曰此某體. 某卽先生也.

潮가 일상의 주변에서 보거나 겪은 이야기를 모은 책인 『우초신지虞初新志』를 읽고서, 이를 본받아 『우초속지虞初續志』를 지었던 것이다. 『우초속지』는 『우초신지』와 같이 소품류의 문장이다.

다음의 글은 김려가 이옥李鈺(1760~1815)의 글을 편집하면서 쓴 「제문무자문초권후題文無子文鈔卷後」이다.

> 세상에서 이기상[이옥李鈺]은 고문을 하지 못한다고 말들 하는데, 이는 기상 스스로가 한 말이다. 기상의 의도는 옛 것을 배워 거짓된 것보다는 지금의 것을 배워 오히려 쓰임이 있는 것이 낫다는 것이다. 남의 말만 듣고 추종하는 자들이 맞장구쳐서 기상은 고문을 하지 못한다고 한다. 슬프다! 기상이 지은 글이 나의 상자 속에 많이 있어서, 지금 『문무자초』 한 권을 잘 베끼어서 세상 사람들에게 보이고자 한다. 요컨대 세상에 스스로 고문을 잘한다고 하는 사람들과 비교하여 누가 참이고 누가 거짓인지를 물어보고자 하는 것이다.[5]

담정이 이처럼 당대의 현실을 사실적으로 그리는 것이 참된 문학이라고 여긴 것은 그의 사상 및 문학관과 무관하지 않다. 담정은 참된 '문학'이란 인간의 의리를 밝혀 세상을 광정匡正하는 풍교風敎의 기능보다는 눈앞에 보이는 사실을 있는 그대로 그려서 공유하는 것, 즉 대중과 소통하는 것으로 보았다. 세상과 소통을 하려고하면 세상사람,

---

5) 金鑢, 『潭庭遺藁』 권10, 538면, 「題文無子文鈔卷後」, 世言李其相不能古文, 此其相自道也. 其相之意以爲學古而僞者, 不若學乎今之猶可爲有用也. 耳食者從而和之以爲其相不能古文. 哀哉. 其相所著述, 多在余篋 今以文無子之文鈔一散寫, 以示世人. 要以問世之自以爲善古文者, 較此孰眞孰假.

즉 대중의 정서에 부합되는 내용과 문체로 서술하여야 하므로, 내용이 '비리하고 자질구레'하며, 문체도 문어체가 아닌 구어체가 중심이 되어야 한다. 이는 고문에 비해 상대적으로 엄숙성이나 진지성이 떨어지는 소품체 문장이어야 가능한 것이다.

기실 소품체 글쓰기 자체는 통속을 지향하는 것이다. 이는 당대唐代의 원진元稹과 백거이白居易에 의해 주도되었던 신악부운동과 성격을 같이한다고 할 수 있다. 통속通俗이란 사전적 의미는 '세속에서 통행하는 것, 대중들이 잘 알고 있어서 대중들 사이에 유행한다'는 뜻이다. 이는 사람들, 즉 독자들이 쉽게 이해할 수 있도록 쉬운 민중의 언어와 구어체를 사용하여, 이들이 경험한 내용을 소재로 한 시문을 말한다.

담정이 대중 지향적 문학인 소품에 대해 어떻게 생각하고 있는지는 다음의 글에서도 확인할 수 있다.

> 세상 사람들이 이기상(이옥)의 문장은 고문이 아니고 소품이라고 헐뜯는다. 나는 속으로 가만히 웃으며, 이것이 어찌 문장을 충분히 말한 것인가? 사람의 문장을 논할 때에는 고금과 대소를 논하는 것은 옳다. 만약 소품이기 때문에 고문이 아니라고 하는 것은 귀머거리의 말일 뿐이다. 『월절越絶』과 『비신秘辛』이 어찌 일찍이 소품이 아니고, 또 어찌 일찍이 고문이 아니겠느냐? 또 문장을 보기를 꽃을 보는 것과 같이 한다면, 모란과 작약의 부염함 때문에 석죽과 수구를 버리고, 가을 국화와 겨울 매화의 고담함 때문에 붉은 복숭아와 붉은 살구꽃을 싫어한다면 이것을 꽃을 아는 자라고 말할 수 있겠는가?[6]

담정은 글쓰기는 기본적으로 통속을 지향하여야 한다고 주장하고 있다. 그는 고문古文이란 기본적으로 당대當代에 있어서는 금문今文이었다는 것이다. 그러므로 당대의 민중들의 체험과 정서를 반영한 소품이 고문이 아니라고 하는 것은 어불성설이라는 것이다. 그는 그 근거로 전국시대에 지어진 『월절』과 한漢나라 때 지어진 『비신』이 당시에는 고문이 아니라고 배척을 받았지만 후대에 내려와서 고문으로 칭송받고 있지 않느냐고 반문한다.

담정은 민중 지향의 소품체 문체를 고집하여 훗날 정조의 문체반정을 불러오고, 강이천 사건에 연루되어 10여년간 유배생활을 하게 된 근본적인 이유가 되었다. 정조의 문체반정 이후 남공철南公轍, 이상황李相璜, 김조순金祖淳 등은 모두 소품체를 버리고 순정한 고문古文을 하겠다고 자송문自訟文을 내어 현실 체제에 순응하였지만, 담정은 끝까지 자신의 신념을 버리지 않고 자신의 문체를 고집하였다.[7]

그러나 담정은 문체반정 정책에 순응하지 않고, "계절에 따라 다양한 꽃의 색채와 향기가 있듯이 문장도 각기 나름대로 취향과 향기가 있어야 한다."고 하여, 끝까지 '사람이 각기 고유한 색깔이 있듯이 글쓰기도 각자에게 맞는 글쓰기'를 해야 한다고 주장하였다.[8]

---

6) 金鑢, 『藫庭遺藁』권10, 「題桃花流水舘小稿卷後」, 世或訾李其相之文曰 非古文也, 是小品也. 余竊笑之曰 是奚足語文章哉. 論人之文者 論其古今可也 論其大小可也. 若云小品而非古 則此耳食者之言耳. 越絶秘辛, 何嘗非小品 而又何嘗非古文耶. 且看文如看花 以牡丹芍藥之富艶而棄石竹繡毬 以秋菊冬梅之枯淡而惡緋桃紅杏 是可謂知花者乎.
7) 이동재, 「藫庭 金鑢 黃城俚曲의 기속성연구」, 『한문교육연구』제38집, 한국한문교육학회, 2012, 367쪽 참조.
8) 『藫庭遺藁』권10, 「題桃花流水舘小稿卷後」, 世或訾李其相之文曰, 非古文也, 是小品也. 余竊笑之曰, 是奚足語文章哉. 論人之文者, 論其古今可也, 論其大小可也. 若云小品而非古, 則此耳食者之言耳. 越絶秘辛, 何嘗非小品, 而又何嘗非古文耶. 且看文如看花, 以牡丹芍藥之富艶而棄石竹繡毬, 以秋菊冬梅之枯淡而惡緋桃紅杏, 是可謂知花者乎.

또한 그는 시문時文의 가치를 적극 옹호하였다. 당시 고문을 주장하는 자들은 연암과 같은 소품가小品家를 순정한 글을 쓰지 않고 시속의 자잘한 어휘를 즐겨 쓰므로 이들의 글은 고문古文이 아니고 시문時文이라고 비판하였었다.

담정은 '진정한 고문이란 옛것을 무조건 따르는 것이 아니라 당대 현실의 세태를 진실되게 쓰는 것'[9]이라고 하여, 자신의 문학관을 끝까지 고집하였다. 이처럼 담정은 당대의 정치 권력자가 추구하는 고문古文의 글쓰기에 안주하지 않고 새로운 글쓰기를 하였고, 문학적 소재에 있어서도 다양한 힘없는 하층민들의 생활상을 소재로 하는 등 소재 선택의 자유로움을 보여주는 문학세계를 구축하였다.

3. 황성이곡의 시세계

연산현은 백제시대에 황등야산군이라고 하였고, 신라 경덕왕 때에 황산군이라 개칭하였으며, 고려 초에 연산군으로 바꾸었다. 그 후 고려 현종 9년에 공주의 속현이 되었다가 조선태종 13년에 감무를 설치하였다.

연산현은 지금의 충남 논산시 연산면, 부적면, 벌곡면과 계룡시 일

---

9) 金鑢, 『藫庭遺藁』 권10, 538면, 「題文無子文鈔卷後」, 世言李其相不能古文, 此其相自道也. 其相之意以爲學古而僞者, 不若學乎今之猶可爲有用也. 耳食者從而和之以爲其相不能古文. 哀哉. 其相所著述, 多在余篋, 今以文無子之文鈔一斂寫, 以示世人. 要以問世之自以爲善古文者, 較此孰眞孰假. 且余於南征十篇, 尤有所三復而感歎者. 嗚乎. 此可與知者道, 不可與不知者言也.

원으로, 동으로는 진잠현(현 대전광역시 대덕구 진잠동 일원)과 맞닿고 서로는 노성현(현 논산시 노성면과 광석면)과 맞닿으며, 북으로는 노성현(현 논산시 상월면)과 남으로는 은진현(현 논산시 가야곡면, 은진면, 논산시 덕지동, 취암동, 대교동, 화지동, 부창동)과 맞닿아 있다.

담정은 1797년(정조 3) 아버지가 임지인 전라도 용담현으로 내려갈 때, 아버지를 배행陪行하여 연산으로 정승을 지낸 김희金熹를 뵈러 들렀으며,[10] 그 후 22년이 지난 후 현감이 되어 다시 연산에 오게 된다.[11]

그가 1817년 10월에 현감으로 부임하여, 1819년 3월까지 18개월 동안 연산현감으로 재직하면서 매일매일 일기를 쓰듯 현감으로서의 일상생활 시로서 기록한 것이 『황성이곡』이다.[12]

『황성이곡』의 내용이 목민관으로서의 자신의 일상생활과 현감으로서의 공무뿐만 아니라, 연산지방의 하층민의 삶에 대한 애정 어린 묘사, 연산지방의 풍속과 주위의 유적지에 대한 묘사, 연산 부근의 자연경관을 묘사한 시가 대부분을 차지하고 있으므로, 『황성이곡』은 충청도지방의 인정세태와 풍물을 사실적으로 읊은 기속악부라고 할 수 있다. 따라서 19세기 초의 충청도지방 민중들의 삶의 모습, 풍속, 자연 경관은 물론 수령의 일상생활을 사실적으로 묘사하고 있어서

---

10) 金鑢, 『潭庭遺稿』 권2, 408면, 「黃城俚曲」, 曾從綵服過玆游, 一彈指頃歲月流. 南窺北園經萬劫, 自將墨綬到連州.

11) 金鑢, 『潭庭遺稿』 권2, 408면, 「黃城俚曲」, 丁巳, 先大人宰龍潭, 余時陪往拜芹窩金相公熹于冠子谷, 今已十二年.

12) 金鑢, 『潭庭遺稿』 권2, 422면, 「題艮城春囈集卷後」, 昔余父友辛解元道三重斯丈, 每以一聯記一日之事. … 辛公歿而家貧, 子孫皆不慧, 所著逃皆不傳. 余在黃山日, 以一絶記事, 詞皆鄙俚無可觀. 及罷歸, 拾諸巾衍, 閪失者過半, 其餘存無多. 然棄之終可惜, 遂暑加序次, 入之叢書中, 以備他日破睡之資云爾. 庚辰季秋壬戌重九. 藫翁書.

오늘날의 관점에서 이를 복원해 볼 수 있다.

1) 다양한 민중의 삶의 시화詩化

담정이 젊은 시절에 지은 내용을 다시 정리한 『단랑패사丹良稗史』에 하층민들을 대상으로 그들의 뛰어난 행적을 입전하였듯이, 자신과 신분이 다른 하층민들의 삶에 남다른 애정과 관심을 가지고 있었다. 또한 부령으로 유배되어 가면서 경험한 모멸과 참담함을 기록한 『감담일기』 속에도 자신을 학대한 인물과 자신에게 호의를 베풀어진 다양한 인물들에 대하여 외모와 성향 등을 상세히 기록하였었다.

담정은 연산현의 현감으로 부임한 이후에도 그의 사상과 문학적 신념에 따라 여전히 당시 고문을 추구하는 다른 문인과 다르게 고통을 받으며 어렵게 사는 다양한 부류의 하층민들의 삶과 같은 당대의 현실을 사실적으로 표현하였다.

> 鯖魚過賣吼如雷 　생선장사 '청어 사라'고 우레처럼 외치며
> 汗雨淋灘亥市迴 　비 오듯 땀 흘리며 시장통을 쏘다니네.
> 八百銅文當一駄 　동전 팔백 문文에 한 바리씩 팔리니
> 漁船蝟集海門限 　고깃배들이 갯골에 빼곡히 모여드네.

> 驟雨飄風苦颯然 　소낙비에 된바람 불어 더욱 스산한데
> 江倉庫子眼珠穿 　강창의 창고지기 두 눈이 빤짝빤짝
> 癯牛疕馬雙雙到 　여윈 소, 파리한 말 짝을 지어 이르면
> 忽漫相驚喜事傳 　서로들 좋아라하며 기쁜 소식 전한다네.

위의 두 편이 시는 담정이 연산현의 현감으로 부임하여 연산현의 이웃 고을인 은진현의 시진포(지금의 논산시 부창동 일원)를 방문하여 본 민중들의 삶의 모습이다. 연산현의 남쪽에는 금강의 큰 지류인 사천私川(현 논산천)이 흐르고, 하천을 따라 가장 남쪽에는 금강과 사천이 만나는 강경에는 강경포가 있으며, 그 위쪽에 현재의 논산시 부창동에 시진포가 있었다. 시진포는 '부창富倉'이라는 현재의 지명이 말해주듯 서해로부터 세곡을 실어 나르는 주운선과 어선들이 많이 모여들어 성시盛市를 이루었다. 그리하여 이곳에는 세곡을 보관할 큰 창고가 모여 있어서 오늘날도 이 지역을 '해창海倉(지금의 논산시 부창동과 등화동 일원)'이라고 부른다.

첫째 시는 시진포에서 생선을 파는 장사꾼의 모습을 실감나게 그리고 있다. 청어 값이 갑자기 내려 동전 800문에 청어 2,000마리를 살 수 있으니 넘쳐나는 것이 청어였다.[13] 그리하여 청어 가격이 너무 낮아 팔아도 이윤이 나지 않았다. 그래서 장사꾼들이 하나라도 더 팔기 위해 목청을 높여 호객 행위를 하는 장면이다.

둘째 시는 시진포에 있는 세곡을 보관하는 관창官倉의 모습이다. 창고지기들은 세곡을 받는 날 일당을 받아서 사는 사람들인데,[14] 날씨가 변덕스러워 세곡을 내려 오는 사람이 없을까 '두 눈을 반짝거리며' 전전긍긍하는 모습을 실감나게 표현하고 있다.

담정은 이웃 연산현의 현감이었지만 종종 밀물과 썰물이 밀려드

---

13) 金鑢, 『藫庭遺稿』 권2, 408면, 「黃城俚曲」, 鯖魚二十尾一級, 百級一駄. 貨船之時, 魚極貴, 今歲執籌船復出, 魚更賤.
14) 金鑢, 『藫庭遺稿』 권2, 408면, 「黃城俚曲」, 捧稅之日, 倉奴輩得其贏餘, 以爲過活, 日晚不至, 則渾家失望.

는 시진포를 찾아가곤 했다. 시진포는 비록 그가 유배 생활을 했던 북관의 부령 바닷가와 남쪽의 진해 바닷가와 다른 내륙 깊숙한 포구이지만 생업의 풍경이 비슷하여 정겹게 와 닿았기 때문이다.

다음의 시는 연산현의 현내에 서는 5일장의 풍경이다.

銀河斜流斗柄低	은하수는 기울고 북두칠성도 낮아지자
膠膠角角亥鷄嘶	꼬꼬댁 꼬꼬 새벽닭이 홰를 치고 우네.
料知縣市明朝是	알겠구나! 내일 아침이면 고을 장날
礧餠聲來柿樹西	서쪽 감나무 아래에서 떡메소리 들리네.

浦村少婦木藍裳	갯마을 젊은 아낙 남색 무명치마에
淡掃蛾眉淡淡粧	눈썹 살짝 그리고 연하게 화장했네.
箝得馬蹄油鱉子	자라 새끼 몇 마리 노끈에 꿰어 들고
走向橋虛赤脚忙	허둥대며 가는 걸음 맨 발로 바쁘구나.

연산현의 5일장은 연산 관아가 있는 읍내(지금의 연산장)와 두마장(지금의 계룡시 두마장), 그리고 마구평장(지금의 부적장)이 있어서 5일에 한 번씩 장이 섰으나, 19세기에 이르면 읍내장과 두마장은 여전히 섰고, 마구평장은 폐시廢市가 되고 새로 포천원布川院이 있는 사교장沙橋場, 즉 사다리장이 지금의 부적면 아호리와 논산시 덕지동 경계에 있는 논산천변에 섰다.[15]

---

15) 『忠淸道邑誌』(1871), 「連山縣」, 沙橋市, 在縣西南赤寺谷面, 自官距二十里. 豆磨市, 在縣北豆磨, 自官距二十里.

첫째 시는 현청 근처에 있는 읍내장의 모습이다. 이 시는 김려 자신이 매번 5일마다 반복적으로 경험한 일상의 풍경이다. 매번 현청 가까이에 있는 읍내장이 서는 날이 돌아오면 새벽부터 현청너머에서 떡메 치는 소리가 들려온다. 작가는 떡메를 치는 시간과 장소 등을 사실적으로 표현하여, '북두칠성이 낮아지고, 새벽닭이 홰를 치는 시간'과 '현청 서쪽 너머 감나무 아래'라는 구체적으로 시간과 장소를 적시하여 사실성을 부각시키고 있다.

둘째 시는 5일장이 서는 날의 아침 풍경이다. 시의 기구와 승구는 장에 나서는 가난한 여인의 나들이 차림을 극사실적으로 묘사하고 있으며, 전구와 결구는 남편이 잡아온 자라 몇 마리를 팔기 위해 부지런히 시장해 향해 달려가는 모습이다.

앞에서 살펴본 시들은 가족을 먹여 살리기 위해 치열하게 살고 있는 가난한 생선장수, 창고지기, 떡메 치는 사람, 자라를 팔러 가는 젊은 아낙 등의 모습이었다면, 다음의 시에서는 계속된 흉년으로 먹을 것이 없어 고통을 받고, 여기에 더하여 각종 세금으로 시달림을 받고 있는 농민들의 삶의 모습이다.

夜久厨人暗噫嘻　　밤이 깊어지자 부엌데기들 몰래 흐느끼며
齊言乙亥死亡時　　굶어죽던 을해년 일 저마다 말을 하네.
麥苗焦盡车苗凍　　밀 싹은 다 말라죽고 보리 싹마저 얼어 죽었으니
叵耐今年又苦飢　　올해도 굶주린 고통을 어이 또 견딜거나

貧家王稅剮心腸　　가난한 집에 세금이란 창자를 도려내는 것
村女紅梭到處忙　　마을 처녀들 붉은빛 사아를 바쁘게 돌려대네.

| 斷出木綿纔半疋 | 겨우 반 필 밖엔 안 되는 무명을 끊어내어 |
| 未明齊趁論山場 | 날도 밝기 전에 모두 논산장으로 떠난다네. |

 연산지방은 갑술년(1814)과 을해년(1815)에 연이어 두 해에 걸쳐 흉년이 들었고,[16] 이어 정축년(1817) 여름에 물난리가 났었다.[17] 담정이 정축년(1817) 10월에 부임하여 보니, 물난리의 여파로 농사를 망친 백성들은 먹을 것이 없어 환곡을 빌려 먹어도 식량을 충당할 수 없었다.

 첫째 시는 연이은 흉년과 물난리로 인해 농사를 짓지 못한 백성들은 겨우 국가의 환곡還穀을 빌려 겨울을 나고 새봄을 맞이했지만 혹독한 추위로 보리마저 얼어 죽어 지난 을해년과 같은 흉년이 재발되지 않을까 전전긍긍하며 부엌에서 우는 아낙네의 모습이다.

 두 번째 시는 세금을 마련하기 위해 짜다 만 무명천을 잘라 논산장에 팔려가는 처녀를 묘사한 시이다. 연산의 백성들은 연이은 흉년에 물난리까지 겹치는 바람에 국가로부터 빌려먹은 환곡의 상환과 각종 세금을 납부해야 하는 이중고에 시달렸다. 당시는 대동법을 시행하여 각종 세금을 현물대신 돈으로 받았기 때문에, 가난한 집의 처녀는 세금을 납부하기 위해 밤을 낮 삼아 짰지만 아직 반 필도 못 되는 무명천을 잘라 새벽 댓바람으로 논산장으로 내달린 것이다.

 담정은 연산의 현감으로서 민정을 살피는 것이 자신의 주된 임무였기 때문에 민중들의 삶을 시화한 작품이 가장 많다. 하지만 그 자신

---

16) 金鑢,『藫庭遺稿』권2, 408면,「黃城俚曲」, 甲乙凶荒, 東方厄運, 湖西昨年告歉.
17) 金鑢,『藫庭遺稿』권2, 408면,「黃城俚曲」, 昨年水灾, 甚於乙亥.

의 역할이 백성의 구휼은 물론 세금의 납부와 환곡의 상환을 받는 것이 주된 임무였었다. 때문에 그는 관찰자 시점에 머물고 사실적 표현을 할뿐 이들이 삶에 개입하여 현실에 대한 분노나 비판은 보이지 않는다.

2) 풍속과 민속신앙, 유적지의 시화

『황성이곡』은 기본적으로 기속악부의 성격을 띠고 있기 때문에, 연산지방의 풍속과 민간의 풍물, 유적 등을 묘사한 작품들이 상당한 분량을 차지하고 있다. 담정은 평소에도 세시풍속에 많은 관심을 가지고 있었다. 정월 대보름에 행해진 세시풍속을 노래한 「상원이곡」 25수는 바로 그의 이러한 세시풍속에 대한 관심이 반영되어 창작된 것이다.[18]

풍속은 예로부터 사회에 행하여 온 의식주 등의 습관으로 지역의 역사적 사건과 지리 환경적 풍토와 많은 관련을 맺고 있다. 연산 지방은 삼국시대 백제와 신라가 최후의 결전을 치룬 황산벌이 있는 곳이며, 그 후 고려의 왕건과 후백제 견훤의 아들인 신검이 건곤일척의 운명을 걸고 최후의 전투를 벌인 곳도 바로 이곳이다. 또한 조선시대에는 사계沙溪 김장생金長生을 비롯하여 신독재愼獨齋 김집金集 등 여러 명현들을 배출한 곳으로 학문적 명성이 높은 곳이다. 또한 지리 환경으로는 구릉과 평야가 함께 있는 지역으로 다양한 농산물이 나오는

---

18) 박준원, 「黃城俚曲 연구」, 『한문학보』 제7호, 우리한문학회, 2002, 258쪽.

지역이다. 이에 계절의 변화에 따라 다양한 세시풍속이 펼쳐졌으며, 현재에도 음력 7월 15일인 백중날에 행해지는 연산 백중놀이는 충청남도 무형문화재 제14호로 지정되어 전승되어 오고 있다.

먼저, 담정이 연산에서 목도한 명절의 풍속을 시화한 작품은 아쉽게도 『황성이곡』에는 설날과 추석에 관한 풍속은 남아 있지 않고 한식날과 단오 풍속에 관한 시만 각각 1수씩 남아있다.

青棉裙子綠長衣	푸른색 무명치마에 초록빛 장옷입고
頭戴槃盤步似飛	머리에 광주리 이고 발 거름 날아갈 듯
道是今朝寒食節	모두들 오늘이 한식날이라고 이르며
家家墳上薦糕歸	집집마다 산소에 찰떡을 올리고 돌아오네.
端陽日氣靜如年	단오날 하도 심심하여 하루가 일 년 같아
却憶京師舊俗傳	도리어 서울의 옛 풍속 그립구나.
幾處毬場爭蹴踘	어느 곳이 공차는 격구장이며
誰家絨索送鞦韆	누구 집에서 비단 밧줄 메고 그네를 뛰는가?

앞의 시는 연산지방의 한식날 풍경이다. 시의 전반부는 여성들이 푸른색 무명치마에 초록빛 장옷을 입고 머리에 제수祭需를 담았던 광주리를 이고서 산에서 내려오는 장면이다. 시의 후반부는 화자와 백성들과의 대화이다. 백성들은 모두들 "오늘이 한식이라 산소에 찰떡을 올렸다"고 대답을 하는 것으로 시를 마감하여, 중간에 조상의 산소에 찰떡을 올리며 참배하는 장면이 생략되었지만 독자의 상상력으로도 충분히 재현할 수 있도록 실감나게 그리고 있다.

두 번째 시는 연산지방의 단오날 풍속을 시화한 시이다. 화자는 "우리 고을은 설날, 대보름, 단오 등의 민속 명절에 대해서 어두워, 음식과 놀이에 전혀 삼한의 유습이 남아있지 않다."[19]라고 각주를 달아 세시풍속이 없는 연산의 백성들을 아쉽게 바라보고 있다. 그래서 화자는 "어느 곳이 공차는 격구장이며, 누구의 집에서 비단 밧줄 메고 그네를 뛰는가?"라고 하여 연산지방은 한양에 단오날 흔히 볼 수 있는 격구와 그네뛰기 등 민속놀이가 없는 사실을 밝히고 있다.

다음은 담정이 연산지방에서 목도한 민속신앙의 실상을 묘사한 시이다.

礬石叢隉遶禿楓	고삭은 단풍나무 둘레에 돌무지 모아 놓고
枝頭掛綵散靑紅	울긋불긋 색 헝겊 가지마다 걸어놓았네.
村巫玉面含羞澁	해사한 시골무당 어지간히 부끄러운 듯
白晝揚鈴大道中	백주 대낮, 한길에서 요령만 흔드누나.

野巫頮貌雪膚肥	눈처럼 하얀 피부, 촌 무당 옥색 옷으로
柳樣纖腰强一圍	버들 같은 가는 허리 억지로 한 번 감싸고
綠錦長衫紅粉套	푸른 비단 장삼에 붉은색 분화장하고
夫人祠裏降神歸	부인사 안에서 신 내림굿 하고 돌아가네.

첫째 시는 연산에서 공주로 가는 길목인 경천역에서 목도한 어린

---

19) 金鑢, 『藫庭遺稿』권2, 408면, 「黃城俚曲」, 本邑荒僻, 於正朝上元端陽等俗節, 飮食游戲, 全無三韓遺俗.

무당의 굿거리 장면이다.[20] 시의 전반부는 지금은 거의 사라졌지만 예전에는 흔히 볼 수 있었던 성황당의 모습이다. 성황당은 마을을 지키는 혼령을 모신 곳으로 주로 동네 어귀나 입구에 있으며 고삭은 느티나무를 중심으로 돌무더기가 쌓여 있고, 나뭇가지에는 오색 헝겊을 가지에 묶여져 있다. 시의 후반부는 어린 무당이 굿거리를 하는 장면이다. 굿을 하는 어린 무당은 현감의 일행을 마주치자 행여 사설辭說이 틀릴 세라 요령만 열심히 흔드는 모습을 코믹하게 묘사하고 있다.

둘째 시는 연산현의 제전리[지금의 논산시 부적면 부인 2리]에서 목도한 신 내림하는 장면을 시화한 작품이다. 시의 내용은 모두 화자가 부인사夫人祠 가까이에서 바라본 모습이 아니고 먼발치에서 바라본 모습이다. 부인사는 고려 건국초기 무당인 조영부인을 모신 사당으로 현재도 현존하고 있고,[21] 부적면 부인 2리 '지밭'에서는 매년 음력 정월 열나흘 밤 자시子時에 느티나무 아래에 있는 부인당에서 제를 지낸다.

연산지방은 앞에서 살펴본 것처럼, 역사적인 변혁기에 최후의 전투가 있었던 지역이었으며, 사계선생을 비롯한 명현들의 유허지가

---

20) 金鑢, 『藫庭遺稿』 권2, 408면, 「黃城俚曲」, 擎天道中, 見一巫皓齒朱脣, 右手揚鈴, 左手執幡, 延矔徐謳, 聲甚淒楚.
21) 고려 태조 왕건이 후백제군과 연산의 황산벌에서 대치하고 있을 때, 서까래 세 개를 짊어지고 솥을 쓰고 물속으로 들어가는 꿈을 꾸었다. 왕건은 친히 이곳에 사는 조영이라는 무당에게 해몽을 들으니 서까래 세 개를 짊어진 것은 '임금 王(왕)자요, 솥을 쓴 것은 면류관을 쓴 것이요, 물속으로 들어간 것은 용궁으로 들어간 것'으로 길몽(吉夢)이라고 해몽해 주었다. 그 후 왕건은 후삼국을 통일하고 해몽해준 무당에게 '부인'이라는 칭호를 주고, 상으로 준 것이 왕전리(지금의 논산시 광석면 왕전리) 왕밭이며, 조영부인이 죽은 후에 제물로 사용하도록 밭을 주었는데, 그 밭을 제전(祭田)이라고 하였다. 현재의 '지밭'은 충청도 사투리로 '제사'를 '지사'라고 하듯이 '제밭'의 사투리이며, 부인리에서 가장 큰 마을이다.

있는 곳이었다. 담정은 이곳에도 많은 관심을 가져 계백장군의 묘소, 왕건이 고려를 건국한 것을 기념하여 세운 개태사, 성삼문의 유허지, 사계선생을 제향하는 돈암서원을 비롯하여 숙진이라는 젊은 과부가 많은 돈을 기부하여 쌓은 숙진제, 부황이라는 지명의 전설이 있는 봉황대 터, 새로운 도읍지가 될 것 이라는 전설이 있는 신도안, 대둔산의 달리산성 등을 시화하고 있다.

英雄功烈震湖山	영웅의 공렬이 강산을 진동하더니
聖刹遺墟泯舊顔	절간의 빈터마저 옛 모습 간데없구나.
秪有當時鋼鐵鑊	다만 당시의 쇠 가마솥만 남아있어
行人指點百回看	행인들을 백번이나 다시 되돌아보게 하네.

忍說孤忠乙亥時	어찌 차마 말하랴! 을해년의 외로운 충심을
魯陵秋雨暮鵑悲	노릉의 가을 저녁비에 두견새 소리 슬프구나.
行人尙識遺墟在	아직도 길손들은 여기 옛집을 알아보고
下馬來尋謹甫碑	말에서 내려 성삼문 비석을 찾아오네.

첫 번째 시는 연산현 동쪽인 천호산 아래에 있는 개태사의 철확을 읊은 시이다. 개태사는 936년 황산군(현 충청남도 논산시 연산면)에서 후백제 신검으로부터 항복을 받고 후삼국을 통일한 태조 왕건이 후삼국 통일이 부처님의 은혜와 산신령의 도움에 의한 것이었다고 생각하여 창건 한 절이다. 그 후 개태사에는 고려 태조 왕건의 영정이 봉안되어 '진전眞殿'이라 불리기도 했으며, 나라에 변란이 발생할 때에는 제사를 주관하였다. 그러나 개태사는 태조 이후로는 개경과

거리가 멀어 크게 주목을 받지 못하였으며 우왕禑王 대에 이르러 여러 차례 왜구의 침입을 받으면서 방화되고 약탈되어 철확만 남아 있었다. 이 철확은 태조 왕건이 고려를 세우고 개국사찰로서 개태사를 창건하였을 때 주방에서 사용하던 것으로 전해지는 대형 철제 솥이다. 개태사가 폐허가 되자 폐사터에 방치된 채로 놓여 있는 것을 화자가 목도하고 시화한 것이다.

두 번째 시는 연산현 현내에 있는 성삼문의 유허지(지금의 논산시 부적면 충곡리)를 찾아 자신의 심회를 붙인 시이다. 이 시는 특이하게도 시의 전부분에 걸쳐 관찰자가 아닌 화자로서 시를 전개하고 하고 있다. 시의 전반부는 단종의 폐위와 죽음, 성삼문이 겪었던 역사적 사실을 적시하여 시의 긴장감을 높이고 있다. 시의 후반부는 사람들이 아직도 성삼문의 유허지를 찾아 추모하는 장면을 묘사하여, 일반적으로 선경후정先景後情이라는 한시의 구도를 깨고 있다. '충곡리'라는 지명이 말해주듯이 이곳에는 백제의 만고충신 계백장군이 전사한 수락산이 있고 사육신의 한 사람인 매죽헌 성산문의 유허지가 있어서 그 충절을 추모하여 '충곡'이라고 하였다. 기실 성삼문의 유허비는 1695년에 송시열이 글을 짓고 김비金棐가 글을 써서 계백장군과 성삼문 등을 배향한 충곡서원의 내삼문 옆에 세운 비이다.

3) 자연환경과 산물의 시화

담정은 1806년 해배 후 선친의 묘소가 있는 공주(현재의 예산군 신양면 연리 산 27-1)에 내려가 추복追服한 후, 전답이 있던 여릉(지금의 경기도 여주)으로 옮겨와 살았다. 하지만 그가 유배생활을 하는 동안 집안의 가세가 기울어 전답이 모두 남의 손에 넘어가서 더 이상 여주에서 살 수가 없었다. 그리하여 그는 1811년에 다시 서울로 돌아와 삼청동에 셋집을 얻어 살면서 손수 화초를 심고 채소밭을 가꾸며 병든 몸을 치료하며 살았다. 이러한 선체험은 그가 연산의 자연 경관에 대해 더욱 친밀감을 갖게 하였다.

담정은 오랜 유배생활로 건강이 좋지 않아서 연산의 현감으로 재직하면서도 질병의 고통에 시달렸다. 그래서 그는 장유壯遊 체험보다는 아기자기하게 화초를 가꾸며, 계절의 변화에 따라 싹이 트고 자라며, 꽃이 피고 열매를 맺는 것에서 잔잔한 기쁨을 얻었다.

담정은 1817년 10월에 연산의 현감으로 부임하여 1819년 3월에 이직하였으므로, 그는 연산에서 근무한 18개월 동안 2번의 봄과 겨울을 지냈고, 한 번의 여름과 가을을 겪었다. 그리하여 그의 임기 기간과 무관하지 않게 『황성이곡』에 수록된 자연의 경관을 읊은 시는 봄과 겨울에 집중되어 있다. 또한 건강상의 문제로 외출이 적었기 때문에 현청의 주변에서 일어나는 자연의 변화를 시로 지은 것이 대부분이다.

먼저, 연산 지방의 자연 경관을 읊은 시를 살펴본다.

連山山勢鬱蜿蜒	연산의 산세 답답하게 구불구불 이어지고
野色平鋪極遠天	드넓은 들판은 아득히 하늘에 맞닿았네.
惆悵遜巖巖下路	서글프구나! 둔암 바위 아래 오솔길에
雅閒亭廢兩池蓮	아한정은 사라지고 두 연지만 남아있네.
萬株垂柳繞堤奇	만 그루 수양버들, 내 둑을 덮었는데

漾日含風動影遲	넘실거리는 바람 타고 느릿느릿 춤을 추네.
裊那娉婷何許者	간질간질 어여쁜 자태 누굴 위해 멋 부리나
詩中恰似義山詩	시 속에 흡사 의산의 시가 있는 듯

 첫 번째 시는 담정이 목도한 연산지방의 지리적 환경의 특징적인 모습이다. 연산 지방은 동고서저東高西低의 전형적인 우리나라 지형의 축소판이라고 할 수 있다. 즉 동쪽으로는 대둔산과 천호산이 높이 솟아있고, 북쪽에는 계룡산이 병풍처럼 자리를 잡고 있다. 서남쪽으로는 낮은 구릉과 드넓은 들판을 이루고 있어 논산평야의 일부를 차지하고 있다. 따라서 '연산連山'이라는 지명도 동북쪽에 산들이 연이어져 있기 때문에 붙여진 이름이다. 연산현은 이러한 산세 때문에 역사이래로 군사 전략상 요충지가 되어 삼국시대의 황산벌 전투, 고려의 왕건과 후백제의 신검의 싸움이 있었던 곳이다.

 두 번째 시는 연산현의 현청의 북쪽에 있는 사계沙溪(현재의 연산천)의 둑에 심겨져 있는 버드나무의 모습이다. 사계는 현청이 있는 읍내리 동쪽에 있는 천호산에서 발원하여 읍내리를 지나 서쪽으로 계속해서 흘러 논성현의 경계(지금의 논산시 광석면 항월리)에서 북쪽에서 흘러오는 노성천과 합류하여 남쪽으로 흘러 다시 사천私川(현 논산천)과 합류한다. 사계는 연산현의 농사에 중요한 하천일 뿐만 아니라 연산현에서 논성현을 거쳐 공주를 연결하는 중요한 교통로였다. 기실 옛날 길은 냇물을 따라 이어지며, 여기에는 물가에 잘 자라는 버드나무를 심어 제방의 붕괴를 막았다.

 이처럼 담정은 연산지방의 자연환경을 산맥의 연결과 지형의 특징뿐만 아니라 하천의 흐름까지 사실적으로 묘사하고 있어 오늘날에도 그 모습을 생생하게 재연할 수 있게 하고 있다.

다음의 시들은 연산지방에서 나오는 특산물인 풋게의 민물 게, 개태사의 감 등을 읊은 시이다.

梨葉殷紅栗殼稀	배 잎은 진홍빛 띠고 밤송이도 드문데
露華濃蕪稻梁肥	된서리 내리니, 벼이삭도 여물어가네.
村童夜簇松明火	마을 아이들 밤에 관솔불 밝히고
草浦橋頭捉蟹歸	풋개 다리에서 게 잡아 돌아가네.
秋後名園柿實光	늦가을 절간의 감나무에 감이 빛나고
朱黃紅碧一時香	붉고 누렇고 푸른 감들 일시에 향기롭네.
上開泰谷三千樹	개태사 골짜기엔 삼천 그루 감나무
安得携歸種漢陽	어떻게 하면 한양에 가지고 가서 심을 수 있나?

첫 번째 시는 담정이 초포교(풋개다리, 지금의 논산시 부적면 부인리와 광석면 항월리 사이의 노성천에 있는 다리로 조선시대 호남지방에서 한양으로 올라가던 중요한 다리이며, 이곳에 초포원이라는 역원이 있었다)에서 목도한 게를 잡는 아이들의 모습을 묘사한 시이다.

이 장면은 초가을에 논산지방에서 흔히 볼 수 있는 장면이다. 벼가 누렇게 익어가기 시작하면 벼의 숙성과 수확의 편의를 위해 논의 물꼬를 낮추어 물을 뺀다. 이 물을 따라 논에서 살던 민물게들이 동면과 산란을 위해 바다와 만나는 깊은 강으로 내려가는데, 게가 야행성이라 낮에는 굴속에서 숨어 있고 밤이 되면 이동을 한다. 따라서 아이들은 관솔불을 들고 밤에 게를 잡는 것이다.

둘째 시는 연산의 특산물인 조홍시早紅柿를 읊은 시이다. 담정은 "연산에 나는 감은 명품이며, 특히 개태사 옛터에는 많은 사람들이 감나무를 심는 것을 생업으로 삼을 정도로 많이 난다"[22]고 하였다. 시의 전반부는 그가 동헌에서 느낄 수 있는 가을의 경치이다. 동헌 주변에는 붉게 물든 감을 매달은 감나무들이 널려있다. 시의 후반부는 자신의 소망이다. 한양에서는 구경조차 하기 힘든 즐비한 감나무를 옮겨다 심어, 훗날 손쉽게 감을 먹고 싶은 소망을 나타내고 있다.

담정은 연산지방의 자연 경관뿐만 아니라 특산물에 대해서도 광범위하게 시화하고 있다. 이는 그 자신이 일상생활에서 실용되는 사물의 구체적 속성을 중시한 결과이다. 즉 그가 갖고 있는 문학관에서 비롯된 것이라고 할 수 있다.

4. 문학사적 의의

담정은 "내가 연산에 있을 때에도 날마다 절구絶句 한 수로 하루의 일을 기록했었는데, 글들이 모두 비리鄙俚하여 볼만한 것이 없었다."라고 스스로 밝혔듯이, 『황성이곡』은 연산 현감으로서 매일같이 보고 겪은 일상의 실상을 그린 것이다. 기실 일기문학은 자신의 내면세계를 진실하게 드러내는 것이 특징이다. 일기문학의 본질적 특성은 기록성과 함께 개인의 내면적 심리와 정조를 진실하게 표현한 점에

---

22) 金鑢, 『潭庭遺稿』 권2, 408면, 「黃城俚曲」, 邑産柿, 名品甚衆. 開泰寺故基, 多人家, 種柿爲業. 甚佳.

있다. 작가가 자아의 모습에 침잠하여 스스로를 들여다보고 반성하는 시선과 태도, 그리고 이 시선과 태도를 문학적으로 형상화하는 것이 특징이다.[23]

담정이 이처럼 당대當代의 현실을 사실적으로 그리는 것이 문학이라고 여긴 것은 그의 사상 및 문학관과 무관하지 않다. 담정은 문학의 탄압이라고 할 수 있는 문체반정의 중심에 있었던 인물이다. 정조의 문체반정은 정조正祖의 왕권의 강화라는 차원에서 이루어진 것이다. 당시 정치권력을 잡고 있던 벽파는 기존의 가치를 고수하는 것이 자신들의 기득권을 유지하는 것이었다. 따라서 이들은 조선의 건국이념인 성리학적 가치와 이를 수호할 문학관을 고수하여 '문학은 인간의 의리를 밝히는 것으로, 이것은 육경六經과 같은 경학經學을 통해 이루어진다.'고 보았다.

반면 정조의 문체반정에 빌미를 제공한 연암燕巖 박지원 같은 문인들은 이들과 생각이 달랐다. 이들은 '실학'이란 인간의 의리를 밝히고 인격을 수양하는 추상적인 의미로 이해한 것이 아니라, 눈앞에 보이는 사실, 즉 당대의 현실을 극복하는 것으로 여겼다. 문학관에 있어서도 이들은 문학이란 인간의 의리를 밝혀 세상을 광정匡正하는 풍교風敎의 기능보다는 눈앞에 보이는 사실을 있는 그대로 그리는 것이 참된 문학이라고 보았다.

담정은 노론의 시파에 속해 있어 정치권력에서 거리가 멀어진 집안 출신이다. 또한 그의 타고난 감수성은 당시 새롭게 등장한 새로운

---

23) 정우봉, 「일기문학의 관점에서 본 감담일기의 특징과 의의」, 『한국한문학연구』 제46호, 한국한문학회, 2010, 419쪽.

글쓰기 체제인 소품체에 관심을 가지지 않을 수 없었다. 그래서 그는 1792년 성균관에 있으면서 김조순과 함께 장조張潮가 일상의 주변에서 보거나 겪은 이야기를 모은 책인『우초신지』를 읽고서, 이를 본받아『우초속지』를 지었던 것이다.『우초속지』는『우초신지』와 같이 소품류의 문장으로 정조가 극히 싫어했던 문체였다. 이와 같이 담정이 소품체 문체에 매료된 것은 훗날 문체반정을 불러오고, 강이천 사건에 연루되어 10여 년 간 유배생활을 하게 된 근본적인 이유가 되었다. 정조의 문체반정 이후 김조순 등은 소품체를 버리고 순정한 고문古文을 하겠다고 자송문自訟文을 내어 현실 체제에 순응하였지만, 담정은 끝까지 자신의 신념을 버리지 않고 자신의 문체를 고집하였다.

그리하여 담정은 정조正祖 사후死後 복권되어 연산현감에 재직하고 있으면서도 그 자신이 젊은 시절 새로운 문체인 소품체를 고집하고, 이 문체로 쓴 글의 모음집인『우초속지』를 다시 정리하여, '개똥벌레가 쓴 길거리의 이야기'라는 의미인『단량패사』24)를 지었고, 이배지인 경상도 진해에서 전 유배지인 함경도 부령의 연희와 같은 민초들을 그리워하며 쓴 시의 모음집을 '바라지를 그리워한 노래'라는 의미인『사유악부』25)라고 명명하였던 것이다. 이는 담정이 자신이 추구

---

24) 담정 자신이 쓴 글들을 모은 책의 제목을 '단량패사'라고 한 것은 그 자신이 '개똥벌레와 같은 하찮은 존재로서 소설 형식으로 꾸며 쓴 역사 이야기'라는 겸사도 있지만 문체반정에 연루되게 된 원인을 제공한 소품과 소설에 대한 애착이 드러나 있다.

25) 『사유악부』서(序)에 "즐거울 때나 슬플 때, 서있을 때나 앉아 있을 때, 잠시 동안 혹은 오래 도록 잊어지지 않아 생각나서 느낀 것들을 기록이다. (「思牖樂府序」, 夫思有樂而思, 有哀而思, 余思也何居. 立亦思坐亦思, 步臥亦思, 或暫思或久思, 或思之愈久而愈不忘, 然則余思也何居. 思之所感, 不能無聲, 聲隨而韻, 是以爲詩.)"라고 하였다. 일부 연구자들은 '사유(思牖)'를 '생각하는 창'이라고 자의대로 해석하고 있으나, 저자는 '사유(思牖)'를 '바라지를 그리워한다.'라는 의미로 풀이한다. '牖(유)'자의 자의는 '들창, 바라지, 깨우치다, 인도하다' 등이 있다. '바라지'는 순우리말로 '온갖 일을 돌보아 주거나,

하는 문체文體에 목숨을 걸만큼 대단한 자부심과 긍지를 가지고 있었을 반증하는 것이라고 할 수 있다.

담정은 연산의 현감으로 재직하면서 자신의 일상과 공무, 지방민들의 삶의 실상, 풍속, 자연풍경들을 읊은 시 모음집을 『황성이곡』이라고 이름을 붙이고, 연산지방의 정월대보름의 풍속을 시화한 시를 「상원이곡」이라고 이름을 지어서, 이 두 시집을 묶어『간성춘예집艮城春囈集』이라고 이름을 붙였다.

그렇다면 담정이 하필이면 연산지방에 지은 시들을 모두 '이곡俚曲'이라고 하여 '속된 노래'라고 제목을 붙이고, 이를 모은 시집을 '춘예집春囈集'이라고 하여 '잠꼬대를 모은 책'이라고 하였을까?

이는 이미 앞에서 살펴본 바와 같이 자신의 문체에 대한 자부와 정당성을 역설적으로 드러낸 것이 아닌가 한다. 담정은 이미 김해 유배지에서 이전의 유배지인 북쪽 부령에서 함께 울고 웃으면서 생활한 여러 부류의 민중들을 잊지 못하며, 이들의 생활상을 시화한 시모음집이 『사유악부』였다. 그는 『사유악부』 서序에서, "생각해 느낀 것에 소리가 없을 수 없고 소리를 따라서 운이 붙고 이것이 시가 된다. 비록 음조가 '비리'하여 관현에 올리기는 부족하지만, 오吳나라 채蔡나라의 노래에 비교하면 또한 나름대로 생각한 것을 울릴 만하다."[26]라고 하여, 그 자신이 스스로 자신의 시문은 '비리'하다고 선언했었다.

입을 것과 먹을 것 따위를 대어 주는 것을 이르는 말로 '수발'과 같은 말이다. 『사유악부』는 담정 자신이 밝혔듯이, 남쪽 진해로 유배지를 옮기고 나서는 북쪽(부령)에서 자신을 돌보아 준 사람들을 잊지 못해 그들을 그리워하며 지은 시이다.

26) 김려, 『藫庭遺稿』 권6, 485면 「思牖樂府」 序, 思之所感, 不能無聲, 聲隨而韻, 是以爲詩. 雖音調鄙俚, 不足以被之管絃, 然譬諸吳歈蔡謳, 亦可自鳴其所思.

이는 한양에서 멀리 떨어진 궁벽한 함경도 부령지방의 실상을 사실적으로 읊었기 때문에 인간의 성정과 의리를 밝히는 것이 시문이라는 고정관념을 가진 정조를 비롯한 고문古文을 추구하는 자들에게는 한없이 촌스럽고 속되게 보이겠지만, 담정의 신념은 이와 다르게 당대의 현실을 사실적으로 표현하는 것이 시문이며, 자신의 시문이 '비리'하다는 자학自虐을 통해 자신의 정당성을 드러낸 것이다.

따라서 연산에서 지은 『황성이곡』도 '이곡'으로 '비리한 노래'라고 한 것은 그의 문학관과 문체에 대한 자부와 정당성을 드러내고자 하는 의도라고 할 수 있다. 담정이 연산의 현감으로 재임한 것은 국정에 순응하여 동참한다는 것을 의미하지만, 여전히 국가의 정치권력에 맞서 자신의 사상과 문학관을 견지하여 '연산의 속된 노래'와 '연산에서의 잠꼬대'라고 하였던 것이라고 할 수 있다. 이는 자신의 문학관을 고수한 것이며, 『황성이곡』이 담고 있는 시의 주제나 제재, 나아가 내용을 밝힌 것이다. 즉 『황성이곡』은 인간의 의리나 인격의 수양, 사물을 통해 도심道心을 드러내는 것이 아니라, 당대의 현실과 눈앞에 펼쳐진 사실, 즉 민중들의 삶의 양태와 풍속, 자연의 일상 풍경 등을 '있는 그대로 드러낸 작품이다'라고 선언한 것이다.

『황성이곡』은 담정 자신이 굳건히 자기의 문체를 지켰을 뿐 아니라, 문학적 소재에 있어서도 음풍농월이 아니고, 여러 부류의 힘없는 하층민들의 생활상 등 소재 선택의 다양함을 보여주고 있다. 이는 문학이 인간의 선한 본성을 견지하고 도덕의 회복을 위한 풍교風敎의 기능이 아닌 자신의 주변의 일상에서 체험하고 느끼는 민간의 삶과 고통, 이웃과의 주고받는 아기자기한 삶 등을 시화하여 기존의 유학적 문학관인 도道를 실현하라는 거대담론과 거리가 멀다. 즉 『황성이곡』

은 담정 자신의 생활주변에서 잡다한 소재를 취하여 썼기 때문에, 온유돈후溫柔敦厚를 지향하여 정감과 제재가 한정되어 있던 이전의 한시와는 달리 소재가 대폭 확장된 모습을 보여주고 있다. 또한 그는 민중들이 살아가는 현장을 체험적 감각으로 생생하게 묘사하고 있는데, 이는 그가 서민사회에 접근하여 서민의 의식을 표출하려고 한 것이다. 이러한 점은 우리의 시사詩史에서 커다란 의의를 가지는 것이라 할 수 있다.

영인본 影印本

題艮城春罂集卷後

昔余父友辛鮮元道三重斯丈每以一聯記一日之事。如三槐王相宅五柳晉臣門萬木當三夏羣蠶擁一湖。一生行直道萬死到橫城俯瞰萬瓦碧嶷嶷延一陶朱皆精切可喜。辛公歿而家貧子孫皆不慧所著述皆不傳。余在黃山日以一絕記事詞皆鄙俚無可觀。及罷歸拾諸巾衍闕失者過半其餘存無多然棄之終可惜遂暑加序次入之叢書中以備他日破睡之資云爾。

庚辰季秋壬戌重九蒲翁書。

仲冬移植碧蒲桃都別監家索價高準擬清明初上架。公然幽趣付凡曹。別監都重漫家。有紫黑青三色蒲桃。各買一枝。插庭前皆活。

除却妻兒送洛京。老禪無事一身清夜深獨坐簷鈴靜月隱菴西泛磬聲。京修簿後。先治送内行于蒲桃隱菴邑後寺名。

上元俚曲戲李玄同體二十五首走筆簡雲樓俞子範。

庚年圓睍是頭番虛度今春作上元病枕不知侯變。厭聽斷丫達宵喧。往騎山。余以病不赴。達夜不眠。是夜。俞子範。李收嘉與君素約

柿餅棗膏稷鬻宜海松子白蜜如脂家家藥飯成風俗。不祭烏神祭祖祠。新羅炤智王。以正月十五日。作糯飯祭神烏報恩。東人遂以為

路俠舊豺狼白晝游。掠之處。邑中第一痼瘼。

鋤豪抑強或云難。只好傍人外面看報答 天恩惟

一事。風雷額字大於盤。銜軒舊無扁額。余取揭上之義。扁曰風雷軒。

黃韰百甕未充腸聚散浮萍石火忙寄語青銅山裏

蕨今春雨路爲誰長。山蔬產本邑距五里谷薇蕨尤肥美。

秋後名園柿實光朱黃紅碧一時香上開泰谷三千

樹安得婷歸棟漢陽。邑產柿名品甚眾。開泰寺故多人家種柿爲業甚佳。

楓翁兩扁彩毫光蘭史三聯翠墨香朝畫棡看看未

厭。不難忌處最難忘。風雷軒。康閣兩扁楓翁大字。玄蘭書唐律三聯六片。

孤城一弄野中圍吹角危譙當落暉。忠壯遺魂今有

否。應隨秋色暮雲飛。翌日午到清州州舊戌申天永
叛據城殺兵使李鳳祥南忠壯

公延年以
虜俠死之

黃城一局夢碁翻籌月齡盃十八番真住獄中經刦
盡浩然歸卧北山樊。丁丑十月赴任已卯三月罷歸〇罷官後作十首

繭絲保障古人言字牧分憂意有存。三年未效涓埃
力。慚愧微臣貢聖恩。嫌遂得由舊的決歸。新道伯朴宗京有世

烟霞泉石莫相謀見在因緣缺陷區身到鳳林三十
里經營未得一番游。洞距邑內三十里自前京經營游賞未得一往。

父老攀車渺泗流生靈無福送賢侯從今荳市場邊

新釀蒲桃酸鴨青嫩焙松蕈錦鱗騂秋來最勝今宵
樂。寒碧樓中月爽明 夜探與石見游寒碧樓。主人釀山葡萄酒。甚美。
四郡江山畁絕奇先頭人說義林池黃城監務渾閒
事冒雨來登獨寫詩 初九日冒雨往坽川。因向義林池堤川倅金㻐奎送酒。
暎湖亭畔石巉巉三尺孤墳馬鬛封繡虎文章無覓
處不堪雙眼淚淙溶 李愚山濟曾幼與浚於淸風衙中。葵義林池上。暎湖池亭名。
竹下清標絕俗緣官居猶得似神仙萬山紅葉新過
雨平岀堂深月另圓 元靈額。竹下淨奎號。平出堂堤川衙軒名。
陰城主倅夜相招一面慇懃舊要聞道今冬茹已
滿硤民應唱去思謠 十七日發向衙中宿陰城倅申大餗。

負笈尋師欲潤身愛君志氣邁凡倫此行不爲游觀
樂悵失東來好主人 路開李侄濟殷羅川住砥平爲拜李竹莊徵君
簷鵲晨喧犬吠笆本官邏卒開前家西倉行路先通
信石見書來照燭花 晨昒點燈本府使今傳石見書方出站西倉聞余來有問
驚心嶺上烏休臨行者捫鷹摘井參我飽鬼門關路
險世間無處更驚心 自苦江入本府關嶺之三一嶺謂險峻名驚心峻
霜稷新醪瀲灩濃猴桃軟熟鬢松茸主人風味終宵
譁另買江頭二尺鱸 是夜櫂生用梢與平一洗馬持酒會飲于寒水齋古㐫
長日馳驅打路慵墮鞍自歎奄衰翁使君繾綣罷寒暄
後先問連山早柿紅 石見嗜柿緶寒暄 問馹來早扛與否

寒水先生道德尊，巋然遺廟儼江村，至今博帶峨冠者，總是文純後裔孫。黃江是濂風地遂廢有祠朝。

山楓水葦日森疎，心事當秋不自如，馬首人來眉忽啓。天恩新赦趙尚書。行至黃江店舍，聞趙台恩放還四里。

臨江茅屋小於舟，依舊圖書案上留，萬樹山楓花撩繞，羊曇恰是過西州。欖寅仁誼存歿之感，與余有忘甫丈。不勝悵然。

霖後村家歲計荒，晚菁嘗咂早菘黃，憐渠博得無多福，門外清溪一道長。是日留宿黃江店舍。偶書觸目記實。

故人穉子髮蒼然，蘭茁孫芽滿眼前，二十年來存歿恨，不堪雙淚迸如泉。惟丈季子用楳已老蒼。有子五人，長已成娶。

棗田塍亂布雪瓢瓜。山臨溪深黑而稍。過稲尼灘。到竹前店。背

黃犢坂頭也守溪古槐疎櫟綠陰齊瓦鱒濁酒香微

漲打稻聲高日未西。是日過硤凡五。日穡尼。槳晚。黃
犢異槍。盤陀。至黃犢硤大槐樹下等打稲場。

丙防灘水綠於苔日瀟風嚴吼似雷何許村翁紅腳

健竹墟店裏賣泡迴也。是日過灘凡四。日穡尼。丙防。丙防灘名竹墟店名皆忠州地。

禺中喪馬水回倉車主簿家曲檻涼近硤漸懲風氣
淺石。水回。

早滿庭紅葉夜添霜鴻南齊者京師人米醫流落住
水回店名有迤豐解倉遇申主此。於

数百武。

晚蟬枯柳響涼風，秋色蕭然灝碧空。一道清溪灣𨋖處，槐山郡常畫圖中。鄰近邑中楝山最富，饒邑基亦垓壇可愛。

駱峯春雨杏花殘。吳伯紹家醉眼看，惆悵二十年前事，更無人到竹闌干。吳郡守吳伏鼎秀敷十年前相見，吳修撰黎曾伯紹家，相與話舊。惆然。

硤碎江城兩岸回，灘聲轟汩鬪風雷。霧中不省艤尼路，何似人間灔澦堆。距邑十生有碁尼峴，作名孫二峴。左山右輕，遙遞穀里。古大川名蘇尼峴。

石南老叟延生涯，砌水東邊柹瓦家。籬落散垂紅頰般陁石上啓門庭蒼壁周圍似錦屛笑就壚頭呼大碗未堪虛度此名亭。屛風亭酒店二層。對坐般陁廣可坐萬人。左有石壁如屛。八嶌從石上行。

沙邨十里海松香松子離離似掛囊可是湖西單縣令栢田判不讓淮陽皆海松子。此稱文義曰湖西一令。㨗邨·沙邨兩店十里之間。山上

村溪丫髮覆雙腮野菊黄花手裏開三十六文鷄一對清川市上買肩廻。淸川塲距米院十里違邨。俗名米院。

地境塲邊兩酒坊傳盆漢子甕稜忙壚婦玉貃纖葱指對客攤錢納錦囊。未及槐山十里。有地境嶺。嶺底。可對清州槐山兩地境店。

罷漫教兒童搔首鳥。邑東衖何任五衞將韻集鋪是行愍訪

夜雨池塘草氣薰偶逢地主的微醺人情未必新知樂回首南鄰趙使君。懷他宰宋俠馬載道始闢伯初也。即舊俸

秋水安流句曲回澄波百道縠紋閒高人不到桐江遠空遣莟苔鑽釣臺。距懷慜地三十里有宣江一名舡江文義地方江上釣臺臺甚好

似豆桶

綠鬢紅腮少主人懸燈相對話情親渠爺鬖髮渠令大媿我安能不老身。往文義俸旅弟錦以武東堂試官其亂石淵求見于邑店

脩藤壽櫟覆陰鄒翠壁參天若怒瞋兩岸繞堪容一馬況疑青石洞中人。路經二峴曰青龍曰鶯尾鶯尾兩峴高嶢似青石洞。

四十四一

出郎領田官也不妨。鎮岑縣街四面皆水田,稻秔方熟,一望無際。

庭南小等劇幽涼柿子初紅枳壳黄清儉六年如一日邑人爭頌李俠良 李俠我榮築小城於衢南,瓊植花木,幽凉可愛。

鉅石中央礫石周川流迅疾似灘流上洲雖淺當人乳下灘稍溪沒馬頭 晚渡下水院川,川在鈴岑十里,南磎皆石,石滑水寒,人馬艱涉。

牡蠣峴西急雨霏雙燕瀨上迅風織蓑笠荷肩去牕水漁梁視笱歸 牡蠣峴鎮岑地名,雙燕在懷德,有上下燕子二瀨。

蘸堤秋水淨無埃一道清溪匹練開想向武夷山下去幔亭九曲共瀠洄 蘸堤有朱尤忠舊宅,嗣孫今居焉,宅有先生祠宇。

編竹踈籬靠禿梧石橋西畔啓開舖主人深坐燒香

佳。病栢前頭獲黠鴞。銜後創栢上有老鴞年义萋
鈴刺秋爭似精廬楓葉凋黃櫩葉疎日晚卯衙初散黠使菩鉋者覸之一月始蘖
後萬蟬聲裏獨有書初秋凉風新生每朝蓋之則繁
火草浦橋頭捉蟹歸木葱蔚蟬鳴頗有幽致
梨葉殷紅栗殻稀露華濃蘸稻粱肥村童夜簇松明八月蠏味最佳且多產海水地名通浦
日照衙簷曉色空瘦驢牽出馬行東翻然未踏丹丘
路四郡山川巳眼中季秋余赴巡和丹丘之約發向沙熱○此下沙熱行中作也
醒石虎嵌似狗蹲行人指點米鹽樽神藏鬼秘眞天米鹽峴在縝岺俗名
險嵒與神都鎮捍門牛閒山新都捍門
山縣荒衙像佛廚土垣周匝稻秔香春來耒耜家家

此肯向人間學乞墦。坐愀然有䘏足而止之意。

浦村少婦木藍裳淡掃蛾眉淡淡粧箬得馬䭾油鬅子走向橋虛赤脚忙。少婦手持鍬頭箬得數䭾忙向上市。

癸田處女貌如花石井南邊是爸家綠鬢雲鬟渾不整月中汲水曉漚麻。一本邑麻布甚美癸田九佳。不務農專以麻爲業。

丁公藤酒得神方蒼术當歸等分良縣裏青帘三十戶先頭羡釀趙孃孃。丁公藤一名五加皮。余欲釀酒服之聞邑中趙孃家善釀。乞錢

釀使十箇雞雛九箇爲攫槃梢肉也無時夜令官砲齊囹

柱海天無際水長流。鳳臺在縣北一息許。一名鵝鸛。似其以各獃。

不是棉田是菽田覆區青葉似銅錢村婆叱犢田中出頭戴磁甌汲碧泉。魯連之間棉田登田。俱為甾茂。布葉滿田。

溝水漣漣露淺沙幵無鷄犬野農家。荒田數畝前誰耕食遍地空削鼓子花。魯城道中見一村四五戶。因於

朱朱白白似錦毛亂叫飛來隊隊豪。雌冠如緇雄冠奭。牛屎堆上啄蟢蟷。五色成隊。粲然可觀也。擎天居人家。養鷄數百首。

籬雀拐蜂瞥地吞還飛端坐靜無言。隨分飲啄元如

百今行擬買枉尋田。本邑西荒米一斛十一兩京倉六兩云。枉尋里渼師東門外十里皆田。齊畠甚美。

龏頭生角麥生耳蒲潊漫空墊蔘蘢雪片飛來該里

牒馬皐坪上水潊潊。馬皐坪在縣西十九里。地最犖确。且無水源。

龘雲潑霧似犇瀧電母靈靁走且降剛到今宵仍不

絕大千世界也成江。是日之雨始以霡霂。第二日大雷電以風。終盡達宵而不止。

佳雨知時霆亦佳青山一洗瀞如揩秧疇趁日催農

愯布穀聲來滿綠槐。今年之雨。旱則甚雨。雨則思晴。人之悁也。不多不火不喪不餘。

鳳凰臺上鳳凰游。畔俗相傳野史雷鳳去不來塋獨

高低均洽。

債紫蝶黃蜂更底忙。衙舍庭前陳地令官使各種香蔬及唱房子葦各圍一區。東俗毀雨前採各樣香之芽。撲萊蔬

長流水煑雨前茶魚眼嫌濃蟹眼嘉喫得枯腸都沁

了。不須力法問盧家。名曰雨前茶令漢師坊曲所賣。

㯃樹濃陰送惠風鳴蟬嚖嚖響晴空。午來忽遍清涼

氣高閣渾疑八月中。庭之東有大槐樹每秋之交萬蟬齊鳴。

萬木陰䆳碧四圍。夏霖欲霽正霏微庭泥融壞蒼苔

色句引雙雙燕子飛。邑亦三月以後不見一燕至是

越燕數雙尋泥而來。

漕艇艇主極奸儣不捧長腰只捧錢米價京倉低四

年糶開倉髮欲臘,打黃仝必殺青多。生靈困苦令如許,召父當年似我麼。 催捧年糧。 昨年本邑酤被水災,民間大同求收尚餘五百石,而又以營飭

富國強兵賴藎臣,大同堂上好經綸。遭船退米真良策,慚愧三南億兆民。 李公存秀奏拿牙山倅朱啟珠,以龐芳盡退稅。津倅權教仁

無腔篆和破鉦聲,鼓吹噓傳兩部名。青草池塘新雨後,不論公私只亂鳴。 衙舍西墻外有一小瀦澤,每大雨輒盈澤,水漲溢則蛙鼃蝦蟆,盡夜亂鵞,不知幾萬。

庭畔蔬畦半畝強,菁花已落芥花香。三春已了探芳

聘新菓子最含桃青李來禽總下萆却教較者樸素口。動人春色倍增高。余一日適歌蓮幕。見一妓名明玉者。坐諸禪之側平弄櫻桃。故入余訝李入其案。

戲題。

西漁一疏寫肝脾。蓄積平生世所知。却惟薰天浮謗賜諡。盖以鑑戒謝朴崇輔贈諡之功歸之也。疏上。疑謗大起。

右鎮令公鳳契敦親呼雲嬋備盤飡殺雞烹鯉俱情味。對嚼移時欸欵言。金士砇孌妶余妹茂才公幹孌呼外堂叔也。女奴鋤雲隨來見余。驚喜。

芭蕉葉長木香花。小圃周遭苄正芽。馬佳東邊邊細
巡店人指點李醫家。李醫宜道湖南和順人。流寓曾
家其。城之擎天驛傍余營行時歷訪

鏡川驛樹碧氍夾路秧苗淨似藍。一抹炊烟浮水
齋家人多佳馬行南。鏡川卽擎天。夾路兩邊皆相
田。鶊溪人家并依山而居。

尹屏溪集繼何年店壁橫黏又倒聯道德文章休話
了。昔灾棗木也堪憐。屏溪尹公名鳳九字瑞膺權遂
橘者。乃屏溪集故云。菴門人逸工判謚文獻。店壁塗

僻淨衕頭占小鋪錦城官妓笑當壚向人自詫砂磠
味。紅滌鬆盤托玉壺。占小鋪。大通橋南溪小港內有一妓新
中湖李生在元巳人也

生平最愛鄭農翁。絕世才情耿介風。怪他蹭蹬頭已皓僂然追逐後生中。君博鑑農塢一號梁疇翁以韻律鳴于世。

滄浪江上買魚罾茶竈琴牀伴酒缸添得佳書三四弓也應清福正無雙。余自罷黜風格猶倜之志願得一江莊蒞小漁艇隨波上下以終一生今不可得。

世少知音和者稀。低回五斗未能歸。憐渠白髮成何事。始識朝衣是濕衣。世降俗澆吏頗代悒在在皆然連僕亦異。

淹疴三朔始加衣。初出衙門帶曙暉。斜倚煖轎神稍奕姜春煥馬健如飛。患瘧七十餘日始得生道心鬱欲暢方孩作營行菱春煥本邑將校。

寅群歸。壬申筮仕。

青山綠水萬重遮。白鷺園西是我家。遙想門前喬柳樹。主人不到但鳴鴉。余家住三讀書衖。與孟監司萬澤家相對。俗名曰白鷺園。或曰孟公園。或曰勝景觀。

杖策祇尋祇樹園。石龕安佛似龍蹲。吾行只有消憂地。月向東林學白猿。縣治東有一峯斗高。上有一嵌石龕。因龕刻佛。名曰縣寺。又曰月隱庵。因鳥龕。

矔桃紅熟麥黃初。柿葉成陰棗葉疎。山雨忽來衝暑散。病衾正好卧看書。亢旱之餘。火日張蓋。高閣軒櫳。無氣。若佳年獄。忽霽雨暴注。雷破暑氣。

旱餘甘澍聽農謠溝水潺潺尺半高剗得一犂添夜潤筆香堤西可容舠 筆香堤在縣東北食旰面周回七百六十尺

松杉蒼欝谷巖清遺廟恭瞻卻黯情東土儒冠通五禮洪恩難忘兩先生 墓之左礎享沙愼尤春四先生

沙愼父子皆明禮學

達城南夕照微孤雲寺畔茂林圍東家年少腰弓去鎭日山田射雉歸 面絕壁中可容數萬兵孤雲寺達理高麗土賊城在大岾山四

在天護山

平生幽夢戀江湖誓鶴盟猿尚未渝萬死餘魂榮墨綬只緣鴻渥滯斯須 余丁巳冬龍慶源旅梭富寧辛酉建錦衣榜掠幾死配鎭海丙

桐數。

連山山勢鬱蟠連野色平舖極遞天。惆悵邂巖巖下雅閒亭即崔清江別業。沙溪得路雅閒亭廢兩池蓮其故壠萊空。扁曰蒼性。其八景。有兩池荷花。

萬株垂柳繞堤奇漾日含風動影遲裊娜婷婷何許者詩中恰似義山詩。邑冶二息許有大川名蒼川挾川種柳。連亘三里名曰柳亭余名其店曰萬柳店。

英雄功烈震湖山聖刹遺墟泯舊顏秋有當時銅鐵雙行人指點百囘看。開泰寺在天護山。舊有麗祖眞殿。今廢只有一大鑊圍八丈高一丈。在野田中。

險誰識天公積費心。鷄龍之下有二谷。谷有大湫。右曰雄龍左曰雌龍總名潛淵。

齋居幽寂似禪居花影㟮差柳影疎日永春深無一事晴窓點檢故人書。本邑夏秋之間邑務甚簡恰似寢郞時。繙閱文字消遣永日。

覺率高峯不復城聖人首出際時清使君手種梧桐樹爲待朝陽瑞鳳鳴。覺率山在縣南十五里有古城基甄萱于神劒下金山佛幽萱

5月中旬麥氣秋秧疇處處叱犂牛肩輿未必偸閒計。每日來聽澮水流。余每日乘公務稍閒肩輿出游周覽壟坂勸課農民。

桐裘東南五里營麗王太祖尙威聲金甄無缺三韓界。好敎甄萱欲手呈。公連接界。有麗祖戰基地名桐亭。麗史云王率兵遵萱於公山
畢者。卽此山。

死芳躅流傳竹史奇。百濟將軍堦伯與新羅
戰于黃山。力盡死之
瀺灂金塘字淑真連人猶說女郎神行雲一片迷精
葵應護天孫渡漢津連俗之間有一堤甚廣闊古有
女名淑與早豪家贷鉅萬捐
論倉浦口水連雲岡勢初斷海勢分倉底居生游宕
子。爐頭盡日醉紅裙。本邑海倉在論山浦口。論
山屬恩津。海上一都會。
穆廟當年翠輦過鷄龍佳氣鬱葱多長鯨淮海平夷
後一曲鏡歌唱里娥俗傳穆莊王甲子遊于公州。駐
蹕於新都莊云。鷄龍距邑二十七
里。太祖卜
吉定基。
噴雪雙龍左右潭頟嵌翠碏共陵臨神怪鬼護金湯
千金等之。
堤因以名。

與德翁同里閈。

送奴向市買雙雞織柵編塒立砌西。病枕邇來眠未穩，令渠趁曉近牕啼。長夜無眠，喜聞雞聲，使衙奴買雌雄二雞，設柵于牕東。

放翁居士有耳孫，甫里先生是本源。傳此青氈詩句好，南人皆說古清門。陸氏長水世族，陸洪銥號浪翁，洪鎮于南秀，持公幹，書來謁。

犀園回馬苦遲遲，眼穿腸消待幾時，簾外丁寧靈鵲語，始知行李抵京師。犀園聞余病報，以四月初十日。奴馬始回。疾馳來見。旋卽發去。五月初七日。

階伯將軍舊戰基，壞城頹壘壓江湄，公身可死名難

一倩人扶送楮先生。任學士懷常落中舊要。方爲湖南之茂長宰。因便送白楮。楮是品極

阿甥兄弟積違餘忽漫來傳舍妹書道是覲行旋別去病中懷緒纍增歔 余妹友李憲承公幹及其弟憲省之路。委道求見。

懶慢爲吏就似吾如山積謗任踈迂花城太守緣何事屢牒營門強送符。 邑例有元定秉官。恩津石城是兩恩津倅金俟相種德翁。

請于鶯輪送印符。

有女曉離已七年。卽今流落古洪川多情數紙情遙悵。回首東雲似惘然。 余女壻宋一準平哉。恩津世故。家貧流落。寓居關東之洪川縣。

及唱官奴走報知清風府使入門時別來人事渾如
夢。我貌鷙黃子鬢絲。清風使君聞余病報單騎馳訪。
岑倅清晨擲手牋鏡川風水敍全篇蛛絲馬跡成形
巧虎抱龍蹲結局圓。鏡川有老鼠下田形語甚豪大。
世事浮雲不可期忽驚飜覆滿枰碁邢知湖廳傳書
日政是商衙罷職時。友也。貽書相問書到之日。聞以
事被拿罷歸。
端陽日氣靜如年。却憶京師舊俗傳幾處毬塲爭蹴
踘誰家絨索送鞦韆。本邑荒僻於正朝上元端陽等節飲食遊戲全無三韓遺俗。
茂長太守感神明雁字朝來簟席清愧我文房差少

業。可憐當世趙韓王。三卷。其豐贍煥然可愛。知卬朱盎文讀論語策

管城湯沐素封如。惠施多方贅五車。抵死存心饒直舌尖頭不讓古尚書。槐亭崔筆工善束羔毫。雖甚禿。猶能作字。比他筆甚良。

忍說孤忠乙亥時。魯陵雨秋暮鵑悲行人尚識遺墟在下馬求尋謹甫碑。成棚竹三間。是連山人。癸田有遺墟。後人立碑。

三兄弟共一衾眠。暮境藕亭最可憐昨忽來者明忽去不堪雙涕暗潛然。藕亭病中來見。旋卽發去。去留之際。不勝愴然。

有奴來自外城村一枕慇懃慰病魂兩隻鱗魚新釣得眼紅鱗貝鬣如璊。金生相揖。卽沙溪庶子察訪棐之裔孫。家頗饒。居邑之外城村。力尊醇。勤可愛。

轉海掀江一夜風，竟天價火暎山紅。可憐半百沿溪戶，焦土蒼茫瓦礫中。三月十四日大原連魯之間火災孔酷。路傍一村五十餘戶全數被燒。

春服成時與客期，鳳林林壑昔聞奇。從今斷罷尋山計，二竪爲魔儘可嗤。上舍李俠牧榮、恩津李周公蓂後古風頹七日猶潛地底雷。病枕涔涔時做聽。爲要親見虙羲來。病中只看周易數葉。手卷輕臊。

教子當先教魯經。森嚴義理炳如星。三綱不墜伊誰力。憨愧今人昧典型。外城金雅相揖家。有春秋註疏。借看全帙。皈本甚精微。

常行日用在倫常。尼聖書中聖訓洋。半部讀來何事院。錦江如錦月如弓。余以病不能赴四郡之約。是日。與巡相泛舟錦江。夜讌拱北樓。

一雙清道陣門開打皷擂鉦次第催全副戎裝跨駿馬前陪裨將也雄哉。巡行裨將以前陪爲榮。閒番爲前陪。

樓船舡上吩聲悲繡轂紅幡照水湄十里平沙人似月。兼巡察使渡江時。巡和發行時。男婦童稚成羣出觀營下習俗。每歲春秋皆然云。

迤邐沙路逐江斜嬾踏羸驢夾岸花博帶峨冠絃誦處樵童猶識草廬家。錦江之中湖卽草廬薑菴余有

鳴鶴堤深樹影園桃花浪漲鱖魚肥蒼苔白石漁樵路罷釣歸時月滿衣。鳴鶴堤在魯城縣治東十里。產魚族甚衆。

咸分歷路過訪。

海州人叫做杏花莊。熊州州治東去數甲武

熊州通判老尚豪颽髮烏鬚鮮白毛朱器盆中生氣公山宰櫟俠仁根士源晨余四筵力強壯上原傷於酒色者

力紅臟叢裏詫風騷

今宵私禮約相逢天翼烏靴燕服容知印親來傳口訊 巡相以私禮見守令則所謂平服。即緣笠貝櫻青苧天翼藍綬

碧紗籠影影月溶溶

農塢清貧樂自如燕超堂亦似僧居庭開淺白雙株杏案庋渝黃數卷書 君博初名彥仁字君復客西遽所燕超堂營冊室扁額

危樓迢遞接蒼空繡幕溪嚴蠟炬紅夜半笙歌歸別

官堤十里水瀠紆楊柳千株復萬株自是朝川非別界分明一幅右丞圖 衙門外皆閭閻。閭閻之外沿溪上下皆禿楊老柳長亘十里。

簷深秪教乳禽鳴藩缺猶防瘦犬行吏退官閒人不到滿庭芳草一時生 東軒北向簷短受風架松為假簷墻垣一并頹圮。課官隸所柴薪皆採鹼薩。

一蔆今宵悟凤因水長樓下野花春四千里外湖南客三十年前嶺北人 富寧北將堂畀額曰山高水長。余謫居時嘗登臨此樓。昨夜夢忽到其處。

輕於淞雪重於霜濃滴朝霞别樣光罩了一山香似

野巫廟貂雪膚肥柳樣纖腰強一圍綿鋪長衫紅粉套。夫人祠裏降紳歸。驪祖征甄萱岾有一軀善鬋髪封爲夫人事載邑誌夫人廟在巢里。

風意蕭蕭雨意濃懸燈閒寂度寒鐘兒童曉起渾驚吒萬樹梨花輾瑞淞。昨夜達宵無寐四壁凄爽氣曉起開門雪滿前山

銀河斜流斗柄低膠膠角角亥鷄嘶料知縣市明朝足碓餅聲來柹樹西。縣衙山墻外有大柹樹燼而居者皆貧戶趁邑塲日以打餅爲

玉燭調元泰運回羣生涵育樂熙欤嚴風一夜凝成凍春雪如何反釀災。淸明後五六日忽凍下一天大雪繼以飛電如夘坎風折園花

葉。

家富男多訛司休曾經首吏雪盈頭。如何却做無良計。自取輪刑五十州。曾任匿名呈狀事覺闕輪刑。

公狀呈來兩手箝夾門趨進整衣襟。紙童通引分行立。書案前頭禮數嚴。紙童今令現調禮數節目甚繁。

浦口歐家棘挿籬破魚網子矖朝曦。羸婆地坐吹爐火。煨着塩鯖哺乳兒。吹地爐火。燒鯖哺兒。論倉塲澄見敗茅屋中。一老婆煨三歲兒。

許。

頑雲潑墨黝冥冥。霊雨廉纖曉既零。未滿一犁菱遍濕。蔌芽歡喜向人青。前冬無雪。今春無雨。纔過一鋤四野田疇一時向青。初四日夜始雨。

前夏霪霖岸善崩渡流斷盡谷爲陵男奮女鋪成羣去。鎭日農家等畠勝。兩年兩水振古所罕。堤堙防等。

芦葦香動綠長衣快馬平原健似飛皮竹箱子紅袱。水踰十蚋路上。見一女妖嬈騎馬而去。十馱路中。見川紋紅錦袱。五色皮竹箱子。

畏新婚閣氏現姑鱟。

蒼獵前行白獵隨少娘年紀破瓜時丫頭戴箬圓簟去忙趁阿爹午饁飢。禪路見一女子年可十五六。布襦溪畔等爺。赤脚。頭戴一篓。

茅茨參差鱗鱗橫籓落周遭鹿眼成可愛柴荊斜歴處。李浦道上。見阡戶數十家。靠岸淨甚。臨溪一屋柴扉破壞。中有

桃花一朶最分明。

一烱闥。

馬井頭來讀宋翁碑。院在縣西十里沙溪舊堙享沙
領尤庵撰碑同春書。愼九春四先生。山仰樓門樓扁

屛川驛婦鬢如霜米裹重重縛布囊跪乞成歡分餉
日。未收四舛趁期當。屛川驛名屬成懽。余坐江倉見
見之惻然。一老婦年過半百。哀懇褸褸來訴。

曲阜使君手字書。故人病體訊何如南來又喜長隣
近却憶清都㗳水店。魯城李倅睡樓是北
六觀閣裏雨如絲二可亭東月似眉文彩風流今不
見。篋中惟有哭君詩。芝江元侍郎在㽵儒良。以丙子
江芝汀。

得鏗鏘不似白圭磨。鄭農塢君博與人等次
輕風陣陣柳絲斜荏苒春光已半除近水間三十
戶繞籬開遍杜鵑花。 余病徐不出門已月餘一日眉
青綿裙子綠長衣頭戴鬆盤步似飛適是今朝寒食
節家家墳上薦糕餢。 三月初二日寒食杜鵑
野翁鷔黑雪盆題禿鬢光光不滿甕肩著攵機滕腋
憩終終浦上賣柴迴。 路傍間其年八十一歲微有飢憊
色。終終浦地名。
遞巖書院翼巖陛先輩遺芬想像奇山仰樓前齊下

於安興余貽書止之
事已爛熳

一聲砲響鼓三通。太守登壇禮數雄。白木帳圍遮日
柱淡紅交椅最當中。權停只令本官各於其邑操練。
伐鼓鳴鑼較一圍。常山蛇勢鐵驄飛。鞭梢氊笠紅絨
子。左哨哨官意氣歸。邑操時節次皆依戚氏指南與京軍門習操彷彿。
春宵澄霽靜淵淵嬾步臨軒意爽然天護山南腰一
半。曉霞如夢樹如眠。黃嶺治在黃嶺之下一名天護山。
白石婆娘訟子寃呈單諺字溢千言姦民指嗾誠難
測不報洪恩反負恩。諺曰白石村名有田寡婦名呈諺單邑人李叛榮所搆。嗾振榮嘗受恩於余。
君年六十髻成膽閱盡人間義理多。血氣衰來宜戒

行。

耆聞觀裏月娟娟把酒鳴琴已丑年。精爽稅應天上

去不知何處覓簫仙 洪長遠自號耆闞幅山人方住長遠遶之裛山別業今朝見訃

簫仙長遠一號。

曝石叢篁遶秃楓枝頭掛綵散青紅村巫玉卮含羞

澀白晝揚鈴大道中。 擎天道中兄一巫皓齒朱脣右手揚鈴左手執幡延嚨徐韻聲

甚淒楚。

鎮日東風苦不開連翹已綻杏花胎堪憐病殻淹時

火獨卧空牀斷酒盃。 余病畏風最甚春分已過清明不遠園中花事方殷不得一番

出門。

肉。敎喫與儓肚腹膰。今春惠廳堂上李公存秀。定雜費數次發關行會。

釋王寺衆總頑禪不論淨業只論錢底事酉台三百貫西天極樂慕虛緣。關募綠人路。酉台捐給三百貫。

向來書凢訝虛傳春鴂飛帶素牋滿幅情言撩病緖忽捫雙眼淚潛然。與寄小石金侍郞愚淳書。不見回報。今因謄呈。始見答簡。

不忿珍州李率卿幕年豐肉腹彭亨朝傾綠鴨千鍾淺夜擁紅娥兩臂輕。参山守李俠亨會率卿有書約余兩界上一會。自詫擁雙姬吸千鍾云。

巡相書函襲麝薰季春游約說慇懃千紅萬紫濃如酒玉筍峯頭會見君。巡相而漁公曾有四郡同遊之約今又貽書促赴余以病不得

嬴縣短僕赴湖南店舍相逢握手談清約君家能世守行人亦說李龍潭。龍潭縣令李俠鳳奎輝瑞余同訪。也。因省婦上京。今始還銜歷

先人詩句縣昨歌君問南衙意若何石上空留三大字。萬秋風雨不能磨。先大人題名刻詩一年強半夔南柯。嬴得口碑怨

述老翁古詞宗。狂歌半世任竦慵。如今白髮飄如蒜。猶自蓬蓬吸百鍾。牙述金浩天性之自號芷川。嗜酒能詩。一日來訪劇飲歡日而去。

雜費人情細鍊磨。惠聽關子廟謨多。如何剗刬黔蒼

肩輿日晚赴東廳外給還包第四令。却悔從前鞭撻誤。忍者鶺鴒滿倉庭ᵃ方言十五斗曰斜斛曰石石曰包其實一也分還期會之名曰巡曰令。

犀園眠食近何如強半新春斷起居簽鵲朝來虓報喜平安二字數行書。開春以後不聞犀園消息今朝忽見飛鵲喋簷巳而郵人至。見書。

走石飜沙屋瓦飛老槐中斷十來圍。微臣是夜難成寝惶恐蒼天降疾威。其聲如地陷山崩達宵乃止。

閱盡湖醫病漸荒李翁看症最精當清晨診脉探囊訣抬出升陽順氣方。巡相西湖公送李醫宜道診余病其術出諸醫差勝。

宰烟花三月賸清遊祖江江名在巡新海口聞李俠
五馬南風皁蓋飛銅章遙暎使君衣長溪華表今猶章顯出宰金浦。金浦畿内薄邑。
在焉問令威去不歸庚子先大人為長水宰是歲長春余妹壻李憲承公幹為是邑長溪地名有龍湫華表。
清風都護尺書呈承發私通踏印明遙想今宵營下
窅應將廬約笑愚兄從弟俅李俠復欽見心余之外赴。余慳甚。歲前約日期會于營下。
雪晴雲斂瀞寒空河漢闌干斗挿中枕上忽驚幽夢
罷分明相對趙黃翁趙黃翁粤香于元丈與余為至愛交。丁丑冬黃翁歿昨夜夢相
會於黃翁之富平衙。

一。束齋掌議送臘單。罷享日齋任送致臘單子。福酒一鐏。正脯一條。猪頭一顆。

鎭營遍校日奔波擬說荒城賊氣多當路射狼渾不問廣陵太守意如何。民間童謠云連山境內三顆賊。一駄駄來無少忿訝尹彥鎭。金箕烈。金在洞。皆班族。

天鵝聲動鼓聲聚點官門日正中束伍牙兵三十隊鵁青快子服裝同 本縣各項軍額。各色牙兵最多。整器械修服色填闕額。余以初十日聚點。

病枕涔涔蠟燭熒颭風驅雪打空庭平明強起推牎

坐覺率山光頓失青。覓率山名在縣南十五里。是日雪深一尺。

祖江春水拍天流佳麗金陵第一州多謝神明東社

事。

梵王宮殿亦埃塵憨悗牟尼不壞身。却把數行平等字。大川世界募緣人。神源寺不知在何時。殿宇房寮。盡為頹亞。諸僧方募檀越為重修計。

文宣王廟享初丁。多少青衿誓戒清。香辦手封親署押。禮房色吏進前呈。二月初九日丁丑。文廟釋菜日也。余以病不得與親封祭物。

崑崙奴子自懷川任衛將家。尺素傳四盒烟茶珍味峻。千九藥裹妙香圓。懷慈人任鎮舅也。以普醫名。曾經五衛將送。南靈茶四盒。蘓合元千九。并珍品。

粉紅直領束腰筧殿僕清晨敬問安。牛脯一條猪首

春曹公事也飛傳觀象監員試吉涓知委仲春都會所清安殘邑最可憐。右式年都會試邑監試左道諸邑結城。右道瑞山東堂左道堤川右道

蒼川橋上午風寒。元士行來駐馬者。百結蒙戎鵠樣布。教人心界苦難寬。於余爲戚叔。曾有急難之恩。

鷄龍神廟亂燕中瓦屋斜連野寺空。五更冥濛靈雨下。翠於孔蓋肅然風。鷄龍湖西之山鎭。神廟在會城縣治之南二十里神源寺之東

數許十武。

壽宮珍佩響琳琅牲幣邊蹲介樂康唱罷一聲齊就位子初初刻跪焚香。仲春甲戌行春享祭獻官林川郡守李修撰光正余以大祝將

伛脚夫曰軟路牌。

青木棉裙短布褌。癸田閣氏淚潛吞。朝朝約伴攜筐去。採得畦頭苜蓿根。閣間婦女。無論老少。遍野緣畝。昨年水災甚於乙亥。仲春醉凍採食菜根。癸田地名。

公庭吏退鳥聲疎。鈴閣蕭然似佛廬。烏石間磻直海墨倩人移寫閣翁書。知即朴寅範頗得教字以暇日聘出鳥綠爛札本。使於勝出閣人觀尺牘。

金鯉鮮尺半肥。錦鱗紅鬛闘朝暉。瀣蘆葉裹雙肩聳。料得廐奴海口歸。余住江倉病劇胃敗庫子申時擧田江景市上買鯉魚盈尺者二。尺半者一也。

喫甘布百條訝許丈。鎮岑倅李俠牧榮咸興人與余
布情味可掬。甚善。昨日送北闕所産黃黎昆

相公廉白更堪疑無主空山立案時寄語丁寧崔繼
伯窮人濫討儘非宜。崔承憲繼伯良齋奎瑞玄孫以
田。余貽書止之。相公時立案文書與鎮岑民訟

貧家 王稅劚心腸村女紅梭到處忙。斷出木綿綫
半廷未明齊趁論山場。論山地名江俞所在。連歲棉
綫六尺。銅錢一百文白木極麤者

鎮日獰風覆土霾漁商行李苦難諧津頭蟻聚沽鹽
者。摠是湖西軟路牌。近者累日霾霧漁艇不至。魚商
輩皆沽鹽而歸方言行商中擔

度。更良收贖牛千錢。壹磨面名。場馬一邑之都會。豪強惡少日夜屯聚。是日。捉其魁五六人。戢棋收贖。

主家羣狗大於犢。黃白黔蒼各蒙毛。每趁五更人跡到。震天價響繞籬號。余謫北塞時。主人家養獵狗數十。各有名字。今見江倉庫子家羣狗。恰似其時。

將黑花雪片飛雷鄉押字細如蟻熊川賊報罕來

急巡相親關祕密機。於熊川村名是愼齋底寄名萬甲。

驟雨飄風苦颯然江倉庫子眼珠穿癃牛他馬雙雙到忽漫相驚喜事傳。捧稅之日。倉奴輩得其贏餘。以駑過駔。日脆不至。則渾家失望。

關北奇珍滿篋筐鎭岑監務送來嘗凍梨廿个宜漫

鯖魚過賣吼如雷。汗雨淋灘亥市迴。八百銅文當一駄。漁舡蝟集海門隈。<small>鯖魚二十尾一級百級一駄。貨舡之時。魚極貴。今歲執籌駈復</small>

出魚賤。

夜久厨人脂噫嘻。齊言乙亥死凶時。麥苗焦甕年苗凍巨耐今年又苦飢。<small>甲乙丙龍東方尼蓮湖面昨年告歉。冬又四朔早凍。故閭閻婦</small>

女相與憂嘆。

曾從綵服過茲游。一彈指頃歲月流。南寃北圜經萬刼。自將墨綬到連州。<small>丁巳先大人宰龍潭余時陪往拜於窩金相公熹于冠子谷今</small>

己丑二年。

荳磨塲市莘連淵。馬弔油牌陷少年。嚴棍另加三十

蓮庭遺藁卷之二

艮城春蠶集

黃城俚曲

紅衣守僕一聲來鈴閣黃昏凍雨催報道明朝初吉日焚香進止稟過回。每月朔望前殿僕來請焚香興否名曰焚香進止。

前陪雙引碧紗籠館宇深嚴唱鞠躬擺得流蘇紅錦索填企殿字牛空中。本邑客舍今日報山之館。正堂設衾會奉殿字牌。

入番首校上廳呼軍令分明點日晡甘結前宵催稅穀海倉行次餉衙奴。邑校有行首一員。兵房一員。輪回入直。是日將往論山倉受漕船稅穀。

二十三

黄城俚曲